宝贝计划系列

家庭胎教
全攻略

主编 徐 萍 黄 坤

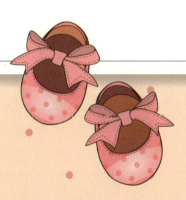

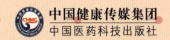

中国健康传媒集团
中国医药科技出版社

到底怎样才是最科学的胎教？

怀胎十个月的胎教都有哪些区别？

胎教中爸爸要扮演什么角色？

哪些故事、音乐、图画最适合胎教？

孕妈妈可以选择运动胎教吗？

如何胎教能让宝宝聪明美丽？

……

在孕育生命的280天里，《家庭胎教全攻略》将陪伴孕妈妈一起见证新生命的奇迹，将针对孕妈妈最感兴趣的话题，进行科学、细致、实用的解答。在书中教你和胎宝宝一起欣赏悠扬的音乐、温馨的小故事、美丽的画卷、流畅的散义……

因此，为了孕育最优秀的宝宝，为了跟宝宝建立亲密无间的感情，孕妈妈们一定要拥有本书！

　　拥有一个健康聪明的宝宝，是每个家庭的愿望。为了达成这个美好的愿望，爸爸妈妈需要学习和了解胎教，并对宝宝进行科学的胎教。实践证明，胎教不仅对胎宝宝的生理发育有影响，而且还和宝宝出生后的智商、情商发育，学习能力等都有着密切的关系。著名的科学家巴甫洛夫曾经这样说：婴儿出生后再进行教育就已经晚了三天，由此也可看出胎教的重要性。

　　然而，现在很多爸爸妈妈虽然认识到了胎教的作用，却并不知道如何科学地进行胎教，这也是因为目前对于胎教还没有专门的体系化理论，也没有一个固定的模式可以参考，所以爸爸妈妈常会受到各种误导。有些爸爸妈妈认为给胎宝宝听古典音乐是最好的，就不加选择地长时间听各种古典乐曲；有些妈妈怀孕后不知道该读什么样的书，只是单纯地相信，学习英语和数学对胎儿好，就强迫自己每天看大量英文书、做大量数学题……但实际上这些做法都是不科学的。

那么，到底怎样才是最科学的胎教？

怀胎十个月的胎教都有哪些区别？

胎教中爸爸要扮演什么角色？

哪些故事、音乐、图画最适合胎教？

孕妈妈可以选择运动胎教吗？

如何胎教能让宝宝聪明美丽？

……

当您在胎教时遇到这样或那样的困惑时，不妨翻开这本《家庭胎教全攻略》，它用最通俗易懂的语言深入讲解胎教的知识，并提供多种方法以便准爸爸准妈妈选择。

这本书并没有局限于狭义的胎教概念，而是将广义胎教的理念渗透在孕期生活中，这是因为妈妈与胎宝宝本身是血脉相承，紧密相连的。无数例证证明，妈妈的情绪和思维变化会影响到胎宝宝的情绪和思维，妈妈的感受和心情，也像吸收到的营养一样，无一例外地传递给了胎宝宝，成为胎教的载体。

为此，本书从妈妈的情绪、生理状态到行为活动，都给予了真诚贴心的指导，以帮助妈妈为胎宝宝创造温馨、安全的生长环境。为了增强实用性，全书以孕月为单位，详细记录了怀孕每一月胎宝宝和妈妈的生理变化和注意事项，还给出了每个阶段爸爸妈妈可以参考的胎教建议以及可对胎宝宝各器官功能发育产生良好刺激的胎教运动、音乐、故事、儿歌、名画、影片、散文等，使爸爸妈妈能够在不同时期选择相应的胎教方式，不再为"如何胎教""怎样胎教才有效果"这样的问题而烦恼。

全书图文并茂，科学性、实用性强，能够为爸爸妈妈提供有益的胎教指导。希望通过本书，爸爸妈妈可以比较全面地了解孕期胎教方面的知识，也希望胎宝宝能够平安、顺利地成长为健康、聪明、快乐的小天使。

编者

2018年1月

目录

Chapter 3

孕2月　胎教，好心情很重要 | 035

Chapter 4

孕3月　胎宝宝初具人形了 | 053

Chapter 5

孕4月　胎宝宝大脑迅速发育期｜073

Chapter
6

孕 5 月　胎宝宝开始"跳舞"了 | 103

Chapter
7

孕6月　胎教，孕育一个耳聪目明的 宝宝 | 135

Chapter **8**

孕7月 胎教"关键月" | 167

Chapter
9

孕8月 延续"胎教"的快乐 | 191

Chapter
10

孕9月 期待中,继续平和快乐的胎教 | 211

Chapter **11**

孕10月　将胎教进行到底 | 233

Chapter **1**

你对
"胎教"
了解多少

先讲一堂"胎教预备课"

"胎教"一词，在我国古代就已出现了。如果单纯从字面上理解，就是要对妈妈腹中的胎宝宝进行教育，这样的说法显然是不够具体也不够全面的。胎宝宝各项器官、生理功能都在发育中，而且又受到母体环境的限制，不可能具备直接的学习能力，所以进行教育的说法是不够准确的。

那么胎教到底是怎样实现的呢？其实胎教有广义和狭义之分。广义的胎教是以母体为介质的，因此也称"间接胎教"，是指通过各种精神、饮食、运动等的保健措施使得母体环境整体安全、平静、稳定，能够为促进胎宝宝生理上和心理上的健康发育成长提供基本条件。

而狭义的胎教也称"直接胎教"，是指根据胎宝宝各感觉器官发育成长的实际情况，有针对性地、积极主动地通过音乐、对话、抚摸等方式，给予适当合理的信息刺激，促进胎宝宝大脑、神经系统、各个器官功能的发展和成熟。

由此可见，胎教是间接胎教和直接胎教的结合，是要为胎宝宝提供一个最理想的生长环境，使他得到身、心的健康发展，并要合理提高他的身体素质，激发他的潜能，这样才能使他的各感觉器官功能发育得更加完善，为出生后的早期教育奠定下良好基础。

胎教到底有什么好处

合理胎教能够对胎宝宝的各种感觉器官以良好的刺激，使得智力、听力、视力、运动能力等发育得更加完善，出生后学习能力、语言运用能力、人际交往能力等往往也提高很快。

1 促进智力的发育和提高

接受过系统化、合理化胎教的胎宝宝，出生后智力发育较快，语言学习能力发展很快，能够较早学会发音，一般可在半岁左右就能用发出声音、姿势等表达一定的意思，也比较容易理解别人的语言和表情，因此能够更快学会与人交往。而且视听分辨能力也较强，入学后识字、拼写、计算等学习能力都会进步较快。经常接受音乐胎教的宝宝还会表现出对音乐特别的敏感，一听见音乐就会随韵律和节奏舞动身体。

胎教过程中需要爸爸妈妈付出全部爱心，与胎宝宝进行沟通和交流，这也是培养胎宝宝情感感知能力和接受能力的好机会，有助于宝宝心理的健全发展。经常接受这种情感胎教的宝宝出生后一般情绪比较稳定，哭闹较少，往往听到爸爸妈妈的说话声、唱歌声等熟悉的声音后就会停止啼哭，亲子关系也会更加融洽亲密。

2 促进情感感知能力发展

经常接受抚摸等触摸式胎教，有助于提高宝宝的运动能力，出生后包括抬头、翻身、坐、爬、站、走等全身的大运动与抓、握、拍、打、摇、捏等双手的精细运动都会表现较好，而且动作比较协调、敏捷。

3 提高运动能力的发展

胎教都有哪些方法

　　你知道吗？胎宝宝有接受外界教育的潜能，他们主要是通过中枢神经系统与感觉器官来感应胎教的。所以，科学、适度地给予胎宝宝人为干预，可使胎宝宝各感觉器官在众多的良性信号刺激下，功能发育得更加完善，同时还能起到发掘胎儿心理潜能的作用，为出生后的早期教育奠定下良好基础。如今，广泛采用的胎教主要有以下几种。

1. 音乐胎教

【什么是音乐胎教】

　　以音波刺激胎宝宝听觉器官的神经功能，来达到激发右脑突触迅速发育的目的。

贴心
小提醒

　　（1）胎教音乐种类繁多，普遍被认可的有《爱和乐》和雷蒙拉普《宝宝的异想世界》，还有《α脑波音乐》《国乐启蒙》以及《莫扎特效应》等。

　　（2）由于胎儿耳蜗发育不完全，某些对于成年人无害的声音也可能伤害到胎儿幼小的耳朵。现有的研究结果一致认为，给胎儿听音乐的强度最好不要超过60分贝，频率不要超过2000赫兹。

2. 触压拍打胎教

【什么是触压拍打胎教】

　　顾名思义，就是妈妈轻柔地触压或者拍打腹部，让胎宝宝能够感受到来自妈妈的温柔触碰。

贴心
小提醒

　　每晚可让妈妈平卧床上，放松腹部，使胎宝宝在"子宫内散步"、做"宫内体操"。这样反复锻炼，可以使胎儿建立起有效的条件反射，并增强肢体肌肉的力量。经过锻炼的胎儿出生后肢体的肌肉强健，抬头、翻身、坐、爬、行走等动作都比较早。但要记住，一旦胎儿出现踢蹬不安时，便应立即停止刺激，并轻轻抚摸之，以免发生意外。

　　轻轻拍打或抚摸胎宝宝，每天2～3次，每次5～10分钟。如果胎宝宝以轻轻蠕动做出反应，可继续抚摸。若胎宝宝用力挣脱或蹬腿，应停止拍打抚摸，理想的抚摸时间，以傍晚胎动较多时，或晚上10点左右为好。

3. 语言胎教法

【什么是语言胎教】

　　爸爸妈妈用文明、礼貌、富有感情的语言，有目的地对胎宝宝讲话，给胎儿期的大脑新皮质输入最初的语言印记，为后天的学习打下基础，称为语言胎教。

贴心小提醒

　　要给胎宝宝的大脑输入优良的信息，一定要注意与其沟通时的语气、用词，还要选择能给胎宝宝正能量的事物进行对话。

4. 抚摸胎教

【什么是抚摸胎教】

　　胎宝宝是需要爱抚的，当胎宝宝受到妈妈轻轻抚摸之后，会引起一定的条件反射，从而激发其在腹中活动的积极性，形成良好的触觉刺激，通过反射性躯体蠕动，以促进大脑功能的协调发育。

贴心小提醒

　　妈妈每晚睡前先需排空膀胱，平卧床上，放松腹部，用双手由上至下，从右至左，轻轻地抚摸胎宝宝，每次持续5～10分钟。但应注意手活动要轻柔，切忌粗暴。

　　抚摩胎教，要注意胎宝宝的反应类型和反应速度。如果他对抚摩的刺激不高兴，就会用力挣脱或者蹬腿来反应。这时，父母应该停止抚摩。如果胎宝宝受到抚摩后，过了一会，才以轻轻地蠕动做出反应，这种情况下可以继续抚摩。抚摩从胎头部位开始，然后沿背部到臀部至肢体，轻柔有序。抚摩时间不宜过长，可以与数胎动结合进行，并且将情况记录在胎教日记中。

5．运动胎教

【什么是运动胎教】

孕妇进行适宜的体育锻炼，利于促进胎宝宝大脑及肌肉的健康发育，有利于妈妈正常妊娠及顺利分娩。

贴心
小提醒

首先，不是所有的运动都适合孕妈妈，所以选择时一定要选择强度较小的运动。另外，在运动过程中，要注意吸气和呼气。运动胎教也不可时间过长。

6. 心理胎教

【什么是心理胎教】

心理胎教，包括清静操、冥想，是适合孕妇学习的清静法。

贴心
小提醒

心理胎教要练习1个月以上才可以看到效果，孕妈妈每天应该练习30分钟到1小时，但也可以根据自己的身体状态适当选择。心理胎教可以让孕妈妈保持良好的心理状态。

7. 美育胎教

【 什么是美育胎教 】

美育胎教是指根据胎宝宝意识的存在，通过孕妈妈对美的事物的感受而将美的意识传递给胎宝宝的胎教方法。美育胎教也是胎教学的一个组成部分，它包括自然美育、感受美育等方面。

贴心小提醒

选择美育胎教时，要根据胎宝宝的月份、孕妈妈的爱好、母子的"理解"能力为标准。否则，只能是一无所获。

不要盲目地迷信胎教

胎教能够改善胎宝宝的多项素质，其重要性不言而喻，但是胎教毕竟不是万能的，过度盲目迷信胎教，难免会走上歧途，不但达不到原本的胎教目标，甚至还可能伤害到胎宝宝的身心健康。

1

不要过度夸大胎教的效果

胎教能够促进大脑、智力，但并不能使宝宝在出生后都成为智力超群的"天才""神童"。天才儿童除了接受合理的胎教之外，还与遗传基因、后天教育、环境影响等多方面的因素有关，所以爸爸妈妈应该有理性的认识，不仅要重视胎教，还要重视后天的教育和培养，才能让宝宝成长得更加优秀。

2

不要盲目采用错误的胎教手段

过度迷信胎教还有一种表现是不加选择、不做思考，盲目对胎宝宝采取各种未经科学验证甚至是道听途说的胎教方法。比如，在不懂医学和心理学的情况下，或是播放音量很强的高频音波作为"胎教音乐"，或是将播放器直接贴在妈妈腹部做胎教，或是不停地用较强的光线照射妈妈腹部，或是不讲方式方法随意拍打刺激妈妈肚皮等……如此盲目胎教，结果只会适得其反。

3

不要让胎教变成刻意的行为

有些妈妈因为过度迷信胎教，拼命强迫自己不断加码，结果让情绪过度紧张，身体过于疲劳，反而对腹中胎宝宝的健康不利。其实，做胎教应遵循和谐、自然的原则，大到怀孕前的准备、环境的改善、情绪的调节，小到听音乐、散步、和宝宝说悄悄话等都是胎教的内容，适时、适量就能够达到胎教的效果，完全不必为了胎教而胎教。

4

不是每种胎教都适合自己

对于胎教方法和手段的选择还要充分考虑妈妈本人及其家庭的具体情况。由于妈妈本人的智力能力、气质性格等许多方面都存在着个体差异，所以，胎教的途径和手段也应该有所差异，对别人适合的胎教手段未必适合自己。此外，家庭经济状况、文化背景和生活情趣等也会给胎教活动带来一系列影响，这些都是爸爸妈妈在胎教时应该考虑到的。

抓住胎教的黄金期

　　胎教应当根据胎宝宝的器官功能发育的不同阶段合理安排，在每个阶段都有不同的胎教重点。爸爸妈妈只有抓住每种功能发育的黄金时期，依照胎宝宝身心发展规律制订出胎教计划，才能使胎教获得最真实、最明显的效果。

脑部发展

　　胎宝宝的脑部发育是从怀孕1个月就开始的，从孕1月到孕3月是脑细胞发展的重要阶段，这个阶段妈妈要而特别注意自己的饮食和情绪，并要避免烟、酒、有害药物等对胎宝宝的脑细胞造成伤害。孕5月后脑细胞发育越来越复杂，胎动也开始出现，妈妈可以与胎宝宝进行更多的互动来给予脑细胞良好的刺激。

听觉发展

孕2月末，胎宝宝的外耳、中耳及内耳已经有了基本的轮廓，但还没有听觉功能。从孕4月起，开始对外界的声音有所感知。到孕6月，耳蜗形成后，就具备了听到声音的条件，可对来自外界的声音刺激产生生理性反应，系统的音乐胎教、语言调教等也可以从此时开始安排。到了孕第8月后，胎宝宝可以区别音调的强弱，还能敏锐地从妈妈的声音中感受到情绪的变化，因此妈妈要注意调整自己的情绪，在和胎宝宝对话时要保持温和、平静。

视觉发展

孕1月末，胎宝宝的视网膜开始形成，但视觉发育比其他感觉功能要晚，一般孕7月才能感知外界的视觉刺激。为此，光照胎教等直接的视觉胎教方式至少要到孕6月才可以开始进行。在之前更多的则是通过妈妈欣赏美术作品、大自然风光等间接的胎教方式来促进胎宝宝视觉功能的建立和发育。

触觉发展

胎宝宝的触觉发育比视觉要早一些，到孕3月左右，已经能够通过皮肤感受周围环境，妈妈做散步等规律的活动使得身体摇动、子宫自然收缩，就能够给胎宝宝舒适的刺激。孕5月后胎动出现，抚摸胎教等也可以提上日程，爸爸妈妈可以通过触摸动作和声音，与胎宝宝沟通信息，使他感到舒服和愉快。

胎教从怀孕前开始

一般爸爸妈妈会觉得胎教是从得知怀孕后才开始安排的，其实真正的胎教从怀孕前就可以着手进行了，做好调适心情、加强营养、适当运动等孕前的多方面准备工作，能够使爸爸妈妈的身心处于最佳的状态，这样健康优质的精子和卵子相遇才会生下聪明健康的宝宝。

怀孕前的胎教要注意以下几点。

1. 调整心理状态

怀孕前爸爸妈妈不要忽略了情绪、心态的调整，如果让紧张、焦躁、烦闷、气恼等不良情绪肆意发展，就会严重影响神经系统和内分泌系统的正常功能，不仅会干扰正常的受孕，还可能对宝宝的正常生长、发育造成负面影响。因此，爸爸妈妈应注意调整心理状态，找到最佳的情绪调节方案，让自己能够在平静、坦然、轻松、愉悦的心情中迎接胎宝宝的到来。

2. 合理安排饮食

有生育计划的爸爸妈妈，一定要从孕前一年开始打理自己的饮食，特别是那些体质较虚弱的妈妈，还需要额外进补，以补充营养，增加抵抗力，增强体质，为即将到来的受孕做好准备，并且也能保证怀孕初期能够向胎宝宝提供充分的营养。

3. 养成良好的生活习惯

孕前要注意保持规律的作息，以保证充足的睡眠，缓解疲劳，同时要适当进行定期运动，以强健体魄。如果爸爸有吸烟、饮酒的爱好，最好能够彻底戒除，如此才能增强体质，保证精子的数量和活性，实现优生优育的目标。

4. 积极防治疾病

孕前除了注意体质的调理外，还要积极治疗一些本身就有的慢性病或其他疾病，切不可掉以轻心。比如参与精子、卵子产生、储存、运输等过程的组织器官出现异常，就会对受孕产生致命打击，而一些全身性疾病也可影响生育，还会给胎宝宝的健康造成危害。所以要正常生育就必须有效预防、治疗或控制这些疾病。

5. 做好受孕计划

为了生出聪明健康的宝宝，爸爸妈妈应该安排好受孕的时间，规避一些不利因素。如双方身体无任何疾病时，妈妈平时有长期口服避孕药的情况，就应停药两个月后再受孕。而且受孕前一个月内，同房次数不宜过频，否则会导致精液量减少和精子密度降低，影响受孕。另外，如果家庭有重大变故导致情绪不稳定时不宜受孕，接受过X射线等照射、服用过治疗慢性疾病的药物之后3个月内均不宜受孕。

胎教不是妈妈自己的事

　　培养聪明可爱的宝宝，不是妈妈一个人的事。良好的胎教是需要家庭全体成员共同努力，协调配合才能实现的。

　　在胎教中，家庭成员们主要应做好这几方面的工作：

1. 帮助妈妈稳定情绪

　　在怀孕期间，妈妈的心理会随生理变化而出现起伏变化，并会通过血液、激素等影响到腹中胎宝宝的身心发育。中医学认为："胎借母气以生，呼吸相通，喜怒相应，若有所逆，即致子疾。"也就是说，妈妈的喜、怒、悲、思的各种情绪皆可以引起血气失合而影响胎宝宝，所以家庭成员要重视妈妈的情绪变化，平时多注意自己的言语，和妈妈讲话要尽量和气，不能和妈妈吵架，多关心体贴妈妈，让妈妈产生一种被呵护、被关怀的感觉，有助于减轻很多情绪问题。

2. 给胎宝宝有益的刺激

　　胎宝宝发育到一定时期就能感受外界刺激，尤其对外界的声音很敏感，如说话声、音乐声等。家庭成员要注意给胎宝宝一些有益的刺激，这一点对于爸爸来说特别重要，因为胎宝宝往往更容易接收低频声音，他们更喜欢听爸爸的声音，所以胎教时爸爸应责无旁贷，最好能每天定时和妈妈配合好对胎宝宝进行抚摸、对话、唱歌等胎教方式，这样做也能使胎宝宝感受到父爱的温暖，有利于增进亲子之间的亲密关系。

3. 共建和谐的家庭环境

　　家庭环境的温馨、和睦对于胎宝宝的健康成长发育影响很大，所以家庭成员之间一定要互敬互爱，和睦相处，为胎宝宝和妈妈创造一个轻松、舒适的生活环境，切勿终日争吵不休或冷战频频，不仅会对妈妈的情绪产生不良刺激，也势必会影响胎宝宝的健康发育。这一点对于老年人和年轻夫妻同住的家庭尤为重要，因隔代人观念不同，对于胎教也常会出现多方发言、多头指挥甚至酿成矛盾的情况，对此，需要双方都能给对方以足够的理解和尊重，才能确保胎教有效进行。

不良情绪影响胎教效果

在怀孕期间妈妈一定要注意保持好心情，这是因为妈妈的精神状况和情绪变化与胎宝宝的发育和成长息息相关，不良情绪会通过神经体液、激素、酶的变化等，直接影响胎宝宝的血液供应，使胎宝宝的呼吸、胎动等方面发生变化，不仅会影响胎教的效果，严重时还造成胎儿发育缺陷。因此，妈妈要尽量避免以下这些不良情绪：

1 烦躁不安

怀孕后诸多的生理不适可能会让妈妈感到烦躁不安，心情不好，感受到妈妈的不良情绪后，胎宝宝也常出现胎动不安等症，出生后往往比较好动、情绪不稳定、易哭闹、易发生消化功能紊乱。所以妈妈应当调整自己的心态，接受自己即将成为母亲这个事实，尽量克服妊娠反应带来的不适，保持心情舒畅，情绪稳定。

2 焦虑、担心

怀孕期间妈妈常常会有不能自控的担心，害怕胎宝宝会有发育不良的情况，因而情绪波动很大，对胎宝宝产生了极为不良的影响，在孕早期可能导致胎儿发生唇腭裂或引起早产，在孕中后期可导致胎盘早剥，甚至造成胎儿死亡。事实上，妈妈应当相信科学，积极做好产前检查，配合医生使用现代仪器了解胎宝宝的状况，就能建立起自信，避免很多不必要的担心。

3 孤独、忧郁

有的妈妈怀孕后情绪会变得异常低落，缺乏活力，终日处于懒散状态，可引起失眠、厌食、性功能减退和自主神经紊乱，直接影响到胎宝宝的正常发育，对宝宝出生后的性格形成也很不利，宝宝可能会有缺乏自信心、感情脆弱、内向抑郁等问题。对此有忧郁心理的准妈妈，要及时地疏导不良情绪，让自己的心情快乐起来。而爸爸和其他亲人，则要尽力关怀、理解、帮助妈妈，使她感受到人们的爱护，消除心理压力。

4 愤怒

怀孕后有些妈妈总爱发脾气，却不知生气发怒时，血液中的激素和有害化学物质浓度会剧增，并可通过胎盘、脐带等，使胎宝宝直接受害，而且妈妈的憎恨、气愤等心理也会传染给胎宝宝，使胎儿感觉害怕、不安，可能会拒绝妈妈传递的信息，甚至会用心跳加速或更多的踢动来表现自己的"不满"。所以妈妈要学会自我宽慰，不要过于计较，遇事尽量保持心情平和冷静，要将乐观、活泼、感恩等积极的人生态度作为信息传达给宝宝，为宝宝今后的生活打下良好的基础。

别忽视胎宝宝的"窃听"

在妈妈腹中的胎宝宝是有听觉的，特别是怀孕6个月以后，胎宝宝的听觉越来越敏锐，慢慢地还会分辨出说话声音是来自妈妈还是来自爸爸，而且还**会根据不同的声音刺激做出相应的反应**。

胎宝宝**最喜欢听的是妈妈的心音**，妈妈心跳节奏正常、搏动有力，胎宝宝就会知道自己生活在安全、稳定的环境中，感到舒适而快乐。如果妈妈心音不稳定，胎宝宝也会变得紧张不安。

另外，胎宝宝还会听到爸爸妈妈的对话声以及所处环境中的各种声音，其中因为羊水对低音有部分过滤作用，胎宝宝会对高频的声音更加敏感。如听到尖锐的汽车喇叭声，就会出现频繁的胎动，听到响亮的关门声、打雷声，胎宝宝甚至会缩成一团，说明胎宝宝不喜欢这些声音。

所以爸爸妈妈千万不要忽视了胎宝宝的"窃听"能力，在生活中要牢记胎宝宝的存在，并注意保护他的听觉，不要高声叫喊、吵闹或制造过多噪音，并尽量少去声音嘈杂的环境。**平时做胎教的时候，要尽量用温和、慈爱的声音和听起来舒适的中等音量与胎宝宝对话**。

胎儿的记忆从出生前开始

胎宝宝的记忆从何时开始，目前医学界还没有定论，但是普遍的看法是胎宝宝具有记忆、感觉的能力，而且这种能力还将随着胎龄的增加逐渐增强，在出生前的数月内，迅速增加的记忆储存还能够引导胎宝宝行为的发展，使得行为渐趋复杂、成熟。

爸爸妈妈在做胎教的时候就可以利用胎宝宝的这种记忆力，善加开发，尽量把良好的、积极的、健康的、真善美的信息及时传递给胎宝宝，成为大脑的"储备"，等到长大成人后可能还会记忆犹新。

1 声音的记忆

胎宝宝能够记住声音的刺激，爸爸妈妈可以通过播放音乐、唱歌、讲故事、念诗歌、读散文、对话等多种方式训练宝宝对声音的记忆。在出生后，宝宝再听到这类声音，就会有似曾相识的感觉。

2 动作的记忆

在有胎动以后经常在固定的时间，以固定的方式做抚摸训练，胎宝宝会逐渐记住爸爸妈妈的动作特点，久而久之也能够做出习惯性的反应动作。

3 情感的记忆

胎宝宝能够感觉到妈妈的情感变化，这种感觉也会成为记忆，影响到出生后性格的形成，甚至会影响到成年后的生活。所以在怀孕期间，妈妈要知道把自己健康的、快乐的感情传递给宝宝。

胎教不能太心急

胎教不可能速成，它的效果是逐渐显现的，不可能一蹴而就。爸爸妈妈在做胎教的时候，切忌心急，须知"欲速则不达"的道理。

1 做胎教不能过度

胎教的实施必须遵循胎宝宝身心发展规律合理安排，而且要重视保护胎宝宝娇嫩的感觉器官，不能因为爸爸妈妈急于看到成效就过度胎教，结果只会适得其反。以音乐胎教为例，有的妈妈觉得听音乐对胎宝宝有好处，就每天没完没了地听，不仅妈妈本人会感到厌烦、疲倦，还会干扰胎宝宝正常的休息和睡眠，影响宝宝正常生长发育，更有可能损伤胎宝宝的听觉器官，严重时可能造成永久性耳聋。因此，妈妈对腹中的小宝宝进行胎教，不能热情过度，急于求成，胎教应当适时适量，拿音乐胎教来说，最好是在胎宝宝醒来即有胎动的时候进行，且时长保持在10～20分钟内即可。

2 做胎教要持之以恒

有的心急的爸爸妈妈在做胎教时因为不能马上看到成效，就会逐渐失去热情，三天打鱼两天晒网，导致胎教无法按照计划系统地坚持进行，这样胎宝宝也难以从中获益。以抚摸胎教为例，做轻拍、触压等的训练时，短期内还不足以和胎宝宝建立联系，感受胎宝宝的反应。但是爸爸妈妈不要因此就失去积极性，而应坚持每天在固定时间，以固定的方式做抚摸胎教，长此以往，随着胎宝宝触觉、感觉、记忆能力的发育和发展，他就会领会到其中的含义，并积极地去响应。

3 爸爸要注意制止妈妈的过度热情

胎教不是妈妈一个人的事情，爸爸要更多地参与其中，当发现妈妈过于热衷进行胎教，胎教有过频、过度的问题时，爸爸要注意及时制止，帮助妈妈制定好科学的胎教计划，每次胎教时提醒妈妈把握时间，并学会观察胎宝宝的各种反应，如果胎宝宝通过频繁、剧烈胎动表现"不满"时，爸爸应立即让妈妈停止胎教。

中国古人的胎教智慧

　　胎教在我国有着悠久的历史传统。早在两千多年前，医书《黄帝内经》中就有关于胎教的记载。西汉时期贾谊《新书》还对胎教提出了系统、精辟的论述，后世很多医学著作如唐孙思邈的《备急千金要方》、宋陈自明的《妇人大全良方》、清陈梦雷的《图书集成·医部全录》等关于胎教的意义和具体内容更加丰富，指出胎儿在母体内能感受到各方面的感化，因此在怀孕期间重视从母体身心健康、饮食起居等多方面调理，可使胎儿身心得到健康发展。

1 妈妈的精神调养

　　古代医学家非常重视孕期妈妈的精神调养，认为情志舒畅、心境平和对于胎宝宝的发育和成长非常有益。而妈妈情绪不稳定，喜怒无常，经常大动肝火，则会影响胎宝宝的身心健康和性格形成。所以妈妈应当调整情绪，给胎宝宝以良好的影响。对此，孙思邈的《备急千金要方·养胎》中也提出孕妈妈应该"调心神，和惰性，节嗜欲，庶事清静"。

2 妈妈的饮食调养

　　调理好饮食，才能满足自身生理需要，并可供给胎宝宝充足的营养。古代医学家认为妈妈的饮食应当清淡平和、规律而有节制，忌暴饮暴食，或过食生冷、肥腻的食物，以免伤害脾胃，影响胎宝宝的正常发育。并且还提出很多孕妇需要忌食的食物，比如辛热的胡椒刺激性过强就不宜食用，《本草经疏》中指出：胡椒，其味辛，气大温，性虽无毒，然辛温太甚，过服未免有害。《随息居饮食谱》也强调：多食动火燥液，耗气损阴，破血堕胎，故孕妇忌之。

3 妈妈的起居调整

　　怀孕期间还应该重视起居调整，不要过度劳累，但也不要过于安逸，贪吃懒动，应注意劳逸适度，有助于气血畅通，对胎宝宝的健康发育有益，而且有利于顺利生产。另外，怀孕期间宜节制房事即性生活，特别是在怀孕头3个月和产前3个月，房事过度可引起感染、流产、难产等。《产孕集》对此论述道："怀孕之后，首忌交合。"

4

**重视环境
对胎教的意义**

　　古人非常重视环境对胎教的影响，比如《颜氏家训》就有这样的记载：皇后怀孩子三个月时，就要搬出皇宫，让她住在别宫里，眼不看不该看的东西，耳不听不该听的声音。也就是说，要让妈妈处于良好的环境中，得到美和快乐的感受，进而影响到腹中的胎宝宝，对宝宝的发育和成长有所裨益。

5

**重视
预防疾病**

　　古代医学家认为妈妈在孕前和孕后都要注意保养，适应季节寒温变化，避免受到所谓风、寒、暑、湿、燥、火这"六淫"的侵袭而感染疾病，给胎宝宝的健康造成危害。比如清代妇科专著《竹林女科证治》就有这样的说法："胎前感冒外邪，或染伤寒，郁热不解，往往小产堕胎，攸关性命。"

外国人如何进行胎教

　　国外对于胎教的重视始于近几十年，胎教机构如雨后春笋般不断涌现，胎教手段也是多种多样、种类繁多，但归根结底，可以总结为以下这几个方面：

1. 对胎宝宝进行声音的刺激

　　即是通过对话、音乐、诗歌等各种方式，刺激胎宝宝的各项器官功能，促进智力、听力等的发展和提高，出生后发育会更趋健康正常，学习会更加容易，情绪会更为欢快，精神会更加饱满。比如国外科学家在研究中经常给胎宝宝听大管乐曲《皮埃尔和狼》，时间长了胎宝宝听到音乐便有胎动。出生后，只要一听见大管乐曲，便会停止哭闹和骚动，并且还会露出笑容来。

2. 维护孕妈妈的心理健康

国外科学家认为胎宝宝的性格和记忆力，在妊娠期母子间"感通"中已初步形成，并对未来人格、智慧的发展起着举足轻重的影响，所以孕妈妈应不失时机地采取有效措施，调适情绪，特别是经常聆听优美的音乐，以形成良好的应激反应，维护母子生理、心理健康，使宝宝的精神因素在胎儿期即得到优化和美化。

3. 重视孕前的胎教准备

为了能够达到优生优育的目标，国外科学家提出从怀孕前就开始准备胎教的观点。在《卡尔维特的教育》一书中写到，"为了让孩子顺利地成长，必须从妻子妊娠前开始进行准备。丈夫必须进行自我训练，使自己本身是健康而充满智慧，并且有一个贤妻。作为它的结果，培育出一个身心健康的孩子。在孩子出生前，就必须做好孩子未来的准备。至于妊娠期间的重要性自不待言，要节制饮食和肉体上的相爱，经常户外运动，饮用清洁的水，保持身体的清洁，忠实地履行责任，要心满意足。不仅妻子，丈夫也同样采取行动。如果能够做到这些，那么，父母一定会有一个健康的孩子。对孩子来说，具备了这样一些条件也就足够了"。

Chapter 2

孕1月
胎教，
现在开始

妈妈和胎宝宝有什么变化

怀孕第1个月是从妈妈孕前最后一次月经的第一天开始计算的4周以内的时间。

1

**孕1月胎宝宝
的生长和发育
情况**

从怀孕第1周开始，精子与卵子结合成为肉眼看不见的受精卵。受精卵不断分裂，成为球形的胚胎细胞，再经过约1周的发育后，沿着输卵管逐步游移到子宫腔，埋在子宫内膜这片"肥沃的土壤"里，开始从妈妈体内吸收养分，这个过程也叫"着床"。

到了怀孕第3周后期，着床后的胚胎逐渐长大，大小能够达到约1厘米，重量不足1克，用肉眼已经可以看到这个小生命了。此时胎宝宝的大脑开始发育，在这个阶段尽早实施正确的胎教，对于胎宝宝的大脑和神经系统的早期发育很有帮助。

2

**孕1月妈妈的
身体变化情况**

在怀孕第1个月，大多数妈妈在生理上虽不会有太大的变化，但还是有以下这些比较明显的早孕症状的妈妈们可不要忽略了这些"信号"。如果确定已经怀孕，就不能轻易服用药物，也不能接受X射线、CT检查，更要避免长时间剧烈的运动，这样才能为胎宝宝准备良好的母体环境。

**停经或月
经量骤减**

怀孕后由于妈妈体内的雌激素、孕激素水平持续增高，子宫内膜不再脱落，会出现暂时停经的现象。不过有些妈妈卵巢分泌的孕激素水平比较低，导致一小部分子宫内膜继续脱落，可能会出现怀孕后继续来月经的情况，只是月经量要比正常时期少、色淡、时间短。

需要特别注意的是，怀孕初期如果出现阴道出血淋漓不尽并伴有腹痛、小腹坠涨等症状，不要当成是来月经，这很可能是先兆流产或宫外孕的征兆，一定要尽快就医诊治。

经常出现疲倦感

体内分泌的一些激素会让妈妈觉得睡眠不足，精神不振，妈妈可以尽量休息，不要勉强自己，这种情况在怀孕3个月后会自然好转。

经常有饥饿感

很多妈妈在怀孕早期常会觉得胃口明显变大了，口味也多少会有一些变化，妈妈可以多吃些清淡、易消化、营养丰富的食物，为胎宝宝的生长发育做好准备。

乳房偶尔会有不适感

随着体内激素的改变，孕妈妈的乳房可能会出现轻微的刺痛、瘙痒、肿胀感，偶尔挤压乳头还可能有淡黄色黏稠状的初乳产生，这也是怀孕早期的正常生理现象，可以采用热敷、按摩等方式来缓解不适。

体温会略微升高

由于孕激素的影响，妈妈的体温可能会升高0.5℃左右，并可持续到孕3月之后，这属于正常的生理现象。妈妈要注意和感冒或其他疾病引起的发烧相区别，不要随便吃药，以免伤害到胎宝宝。

本月的胎教重点是什么

在怀孕的第1个月，胎教的重点是通过调整好妈妈的身心健康和生活环境来进行间接的胎教，为胎宝宝提供良好的发育环境，为各项生理素质的提升打好坚实的基础。

1. 为胎宝宝打造和谐优良的生长环境

胎宝宝在孕育之初，就有一定的感知能力，妈妈的情绪波动和心理健康以及爸爸妈妈所生活的环境情调，都会影响到胎宝宝的大脑和神经系统的发育。

妈妈要学会调整自己的情绪，遇事要尽量保持心境平和、不急不躁，不随意动气发火，也不要常常忧愁苦闷、烦躁不安，以免引起神经、体液的变化，影响到胎宝宝正常的血液供给、胎心率、呼吸等。与此同时，爸爸也要对胎宝宝的到来表现出由衷的喜悦，和妈妈一起分享幸福和快乐，让家庭环境充满温暖，为胎宝宝的生长发育提供助力。

2. 在胎教中爸爸要发挥应有的作用

　　有人会认为胎教是妈妈一个人的事情，可实际上，只有爸爸在胎教中积极配合、主动参与，才能做好胎教。

　　在怀孕第1个月，随着体内激素水平的急速变化，妈妈或多或少会有一些心理上的反应，爸爸会发现妈妈脾气变差了，有时会无理取闹，有时又会情绪低落，易感爱哭等等。对此，爸爸一定要多宽容和体谅妈妈，可以适时对妈妈进行劝导和安慰，切勿火上浇油，对妈妈发脾气，以致让妈妈情绪更加不安。

　　另外，在日常生活上，爸爸应当想方设法地照顾好妈妈和胎宝宝。比如爸爸可以努力为妈妈提供营养丰富、适合口味的食物，让胎宝宝能够吸收充足的蛋白质、碳水化合物、维生素、矿物质等营养成分；有吸烟习惯的爸爸还应当开始戒烟，并做好室内的清洁卫生工作，以避免有害气体、灰尘等吸入妈妈体内，影响胎宝宝的健康；同时，爸爸还要主动多承担一些家务劳动，让妈妈能够更好地休息和放松，也能够集中精力做好胎教。

妈妈要学会放下焦虑

　　怀孕本来是一件值得高兴的事情，但是随着孕期注意事项的增多，很多妈妈在不知不觉中患上了孕期焦虑症。这会影响消化和睡眠，危害妈妈自身的健康。另外，持续长时间的焦虑对胎宝宝也非常不利，会影响到胎宝宝正常的胎动频率和强度，危害胎宝宝的健康发育，影响宝宝出生后的智力和身体素质，严重者时甚至会导致胎儿畸形或流产。

1. 消除妈妈不必要的担心和恐惧

　　孕妈妈特别是初次怀孕的妈妈，常常会有很多担心，像腹中的胎宝宝是否健康，该选择何种生产方式才能减少痛苦，需要补充哪些营养等等，这些问题让妈妈烦恼不已，是孕期焦虑产生的主要原因。实际上这些担心和恐惧很大程度上都是不必要的，是妈妈对孕产知识不够了解而产生的。自怀孕第1个月起，妈妈会定期接受妇产科医生的检查，并根据医生的指导合理饮食、睡眠、运动和保养，而且妈妈可以通过权威机构举办的孕期讲座等可靠渠道学习正确的孕期保健知识。随着妈妈对孕、产、育方面知识了解的深入，就能够树立起自信，不再总是杞人忧天，为自己增添烦恼。

2. 缓解家庭成员给妈妈带来的压力

在怀孕之后，很多妈妈会受到全家成员的关注和宠爱，无形中也增加了妈妈的压力。另外，在部分落后地区，重男轻女的问题还时有存在，父母、公婆等对于胎宝宝性别的紧张和担心也会加重妈妈的心理负担，引起孕期焦虑。对此，家庭成员应该接受科学理论的指导，认识到生男生女是自然选择，并不是以人的意志为转移的。家庭成员应当付出更多的耐心和爱心来帮助妈妈和胎宝宝度过这个特殊阶段，而不是频频对妈妈施加过多压力。而孕妈妈面对家庭生活方面的琐事，也要学会不多计较，避免为小矛盾反复思量、生闷气。

3. 妈妈要学会自我调节和转移焦虑情绪

面对孕期焦虑，妈妈要学会自我调节和转移自己的注意力。比如妈妈遇到烦恼和不愉快的事情，可以向亲人和朋友尽情倾诉一番，将不良情绪全部发泄出去。另外，妈妈在心情烦闷时还可以做一些让自己感兴趣的事情来帮助调整心态，像听音乐、做手工、练习书法、绘画、阅读、种盆栽等，不仅能够改善心情，还可陶冶情操，作为胎教的内容也未尝不可。

妈妈"爱美"也是一种胎教

怀孕以后"爱美"，可以让妈妈将注意力转移到保养肌肤、装扮仪容等方面，从而有助于减轻早孕反应的不适。"爱美"还能让妈妈变得自信、乐观，并将快乐的情绪传递给胎宝宝。

不过，妈妈"爱美"的同时还要注意一些细节。

1. 孕期"爱美"三宜

（1）宜选用温和无害的护肤品

很多护肤产品都含有酒精、激素、重金属及化学品等，通过皮肤渗透到体内，对胎宝宝有刺激作用，甚至可能引起胎儿畸形，妈妈一定不能使用。应选择纯天然、无添加、性质温和的护肤品，但也要尽量少用。特别是去医院作定期产检时，最好不要使用美白保养品，否则掩盖了正常的面色，会影响医生的正确判断。

（2）宜选择宽松舒适的服装

怀孕后胸围、腹围、臀围都会逐渐增大，孕前的衣服会变得不合身，妈妈可以选择穿起来宽松舒适的外衣和内衣，并最好以棉质面料为主，不宜为追求苗条而选择修身款的紧身衣、牛仔裤等，以免影响呼吸引起不适。另外，妈妈可以适时更换胸围罩杯，并选择能调整腰围的内裤以适应孕期乳房、腹部的逐渐膨大。

（3）宜用自然的方法美容护肤

妈妈注意保持面部清洁，多喝水，多吃水果蔬菜，规律睡眠，并保持愉快的心情，会让气色变得更好。另外可以偶尔用热水泡脚，能够促进血液循环，也有改善肤色的功效。还可以手工DIY制作补水面膜定期使用，让皮肤变得更加水润有光泽。

2. 孕期"爱美"四不宜

（1）不宜浓妆艳抹

妈妈不宜再化浓妆，特别是要暂时告别口红、指甲油、香水等化妆品，因为口红中含有羊毛脂，会吸附空气中的重金属元素和其他致命微生物，对妈妈和胎宝宝都很不利。而指甲油中的化合物被人体吸收可能会引起习惯性流产。香水特别是劣质香水中更是含有多种易挥发的有害化合物，喷洒过多可使妈妈感到头晕、恶心，还会加重孕吐，香水中的有害物经皮肤渗入，还会对胎宝宝的发育产生不良后果。

（2）不宜戴隐形眼镜

隐形眼镜虽然比框架眼镜美观，但怀孕后由于角膜含水量和曲度改变，就不再适合佩戴隐形眼镜，否则不仅会因近视度数改变引起眼睛不适，还有可能诱发角膜发炎、溃疡，严重时可导致失明。

（3）不宜染发烫发

从备孕时到怀孕后，妈妈都应该远离发胶、烫发剂、染发剂、摩丝、啫喱水等美发用品，这些产品中的化学成分会阻碍胎儿的骨骼发育，严重时可导致胎儿发育畸形。而且染发剂等还有一定的致癌作用，可诱发皮肤癌、乳腺癌等。不仅如此，对于美容漂白、足部按摩、香薰美容等妈妈也要坚决拒绝，这些美容项目对于胎宝宝都是非常危险的。

（4）不宜常穿高跟鞋

妈妈穿跟高超过4厘米的鞋子，会使身体重心抬高，容易走路不稳、发生跌倒，引起危险。而且穿高跟鞋会加重妈妈腰酸、背痛、腹部坠涨等不适感觉，因此妈妈应该选择跟高2厘米左右、鞋底防滑、不用蹲下系鞋带的平跟鞋、坡跟鞋等。

冥想胎教法帮助妈妈平静心灵

从怀孕伊始，准妈妈就可以开始练习冥想胎教法了。冥想能够调整妈妈的心理状态，缓解早孕反应带来的不适和压力，让妈妈情绪平和、心神安定，给胎宝宝一个安宁的生长环境。

1. 冥想胎教的时间安排

冥想需要避免外界干扰，因此可以选择清晨和夜深临睡前，在一个幽静的环境中独自进行，以集中注意力。

如果是刚开始练习冥想，不必刻意坚持很长时间，直到身体感觉习惯后，再适当延长冥想的时间。为避免引起不适，每天冥想半小时到1小时即可。在冥想之后还要适当休息。

2.　采用稳定而舒服的姿势

冥想时身体需长时间保持比较稳定的姿势，为避免疲倦，可以尽量选择让自己感觉舒服的姿势。

（1）坐姿冥想

端坐，身体不要前后摆动；头部、颈部、背部挺直，尽量保持一条直线，但不要有紧绷感；手臂轻松自然平放在腿上，也可将一手掌轻轻贴在小腹上；闭上双眼，在全身感觉舒适、放松后开始冥想。

（2）仰卧姿冥想

平躺，全身放松；手臂自然地放在身体两侧，掌心向上；双脚微微分开；闭上双眼，在全身感觉舒适后开始冥想。

3.　调整呼吸进入冥想状态

每次练习冥想前都要做缓慢深长的呼吸，并把注意力集中在吸气和呼气的时长上：吸一口气，同时在心中默默从1数到5，然后再慢慢呼气，默数1到5。如此反复进行3分钟左右，让身心进入平静安宁的状态。期间如果发现精神未集中可以重新开始这个过程。

4.　冥想胎教的内容

在冥想过程中，妈妈可以将注意力集中到腹中的胎宝宝身上，想象自己正在和宝宝进行无声的交流。冥想时妈妈可以倾诉对宝宝的爱，甚至也可以跟宝宝讲讲自己现在的苦恼，在潜移默化中影响着胎宝宝的发育和成长，达到胎教的目的。

散步也是胎教

在怀孕第1个月，妈妈可以通过适当的散步来对胎宝宝进行胎教。因为妈妈在散步的时候，呼吸进的新鲜空气可以为胎宝宝正常生长和发育提供更加充足的氧气，特别是对胎宝宝大脑的发育非常有利，可以使脑细胞更有活性，感性能力得到明显提升。

适当散步对于孕早期的妈妈也是很有裨益的，有助于改善妈妈的体质，还能放松心情，缓解早孕反应带来的不适，让妈妈的身心状态恢复协调和平稳，为胎宝宝生长发育提供更加良好的环境。

需要注意的是，这里所说的散步胎教应是适度的，而且要注意一些方法。

1 安排好散步的时间和次数

可以选择上午10点到下午2点之间进行，在这段时间里妈妈的身体状态一般比较稳定，会感到比较放松和舒适。散步的时长不宜过长，以免身体过度疲劳。一般每周安排4～6次，每次半小时到1小时即可，妈妈也可根据自己的身体条件适度增减。

另外，应当尽量选择在天气晴朗、空气清新的日子散步，避免在雨、雪、大风天气外出，以免着凉、感冒。如果在夏季外出散步，则要注意避开强烈的阳光，防止晒伤。

2 选择好散步的地点和路线

妈妈宜选择绿化环境好的公园、平坦的林荫道等作为散步的地点，这里不但空气特别清新，而且噪声污染也很小。妈妈漫步其间，更能放松身心、改善情绪，对胎宝宝的发育成长很有帮助。

要尽量避免在繁华热闹的马路上散步，这是因为马路上众多的机动车会排出大量有害尾气，如果吸入体内，对妈妈和胎宝宝都会造成损害。比如尾气中含有的一氧化碳会与人体红细胞中的血红蛋白结合，让妈妈感觉肌肉酸软、头晕难受；尾气中所含的铅还可能通过胎盘从妈妈的血液中进入胎宝宝体内，影响宝宝大脑发育。而且密集的车辆、人群所产生的各种噪声污染也会影响妈妈和胎宝宝的健康。因此散步应尽量避开车辆、人流密集的马路、闹市、商场等。

3 注意散步时的身体状态

妈妈在散步时一定要确认好自己的身体状态。不能在空腹的时候散步，否则很容易在散步时感到疲劳、头晕，但也不能饭后立即外出散步，最好在饭后1小时后进行，并预备好纯净水、矿物质饮料等在途中饮用，有助于预防脱水。

在散步过程中，如果感觉到有明显的疲劳或不适，要及时停下休息，待身体感觉正常后再慢慢原路返回。如果出现腹痛不止、冷汗连连、眩晕恶心的情况要立即就医。

4 掌握散步的最佳姿势

妈妈要注意散步的姿势，即挺胸抬头，眼睛平视前方，上身放松，背部不要弯曲。步伐要稳定、匀速，不宜步子迈得过急过快，以免引起呼吸不畅，甚至还有摔倒的危险。另外要注意不要低头走，这样一方面会给颈部和肩膀带来负担，引起肩颈酸疼，另一方面也影响视野，容易和路人发生碰撞，很不安全。

妈妈可以一边散步一边调整自己的呼吸，要注意呼吸不能过于急促、浅短或刻意憋气等，这样无法保证呼吸的质量。可以用鼻子深深吸一口气，然后慢慢地呼出，并保持均匀的频率，以便更多吸入清新的空气，帮助宝宝脑部发育。

诵读优美的诗歌让妈妈放松心情

经常诵读内容优美诗歌、富有节奏感和韵律美的诗歌可以让妈妈感觉心情愉快，有助于减少早孕反应带来的身心不适，改善内分泌，为体内的胎儿提供最好的身心环境。

1　选择优美、富有节奏感的诗歌

　　妈妈可以根据自己的喜好选择胎教诗歌，不过要注意诗歌的内容应当是音节和谐、意境美好、轻松优美，能够陶冶性情和改善心境的。

　　可以选取一些优美的歌颂山水名胜、描写自然风光的古诗词、现代诗歌等，如苏轼的《惠崇春江晚景》、白居易的《钱塘湖春行》、徐志摩的《再别康桥》等，也可以选取一些朗朗上口、简练生动的童话诗等。

2　妈妈有感情地诵读诗歌

　　诵读诗歌应安排在一天之中身体感到比较舒适、放松的时候，时长15～30分钟，可根据自己的身体条件适当增减。读的时候可以发出柔和、中等音量的声音，也可以默读。要注意调整自己的语调和语气，保持注意力集中，并投入丰沛的感情，以充分品味诗歌所描述的意境，不可干巴巴地不带感情地读，否则达不到陶冶性情和进行胎教的目的。

3　爸爸为妈妈和胎宝宝朗读诗歌

　　爸爸可以尽量抽出时间为妈妈和胎宝宝朗读诗歌，爸爸的声音更加低沉、浑厚、有力，有助于妈妈心情的放松。而且爸爸充满感情地为妈妈朗读诗歌，也能提高夫妻双方的艺术修养，并能营造爱的氛围，促进家庭和睦幸福，为胎宝宝营造健康成长的环境。

4　播放诗歌音像制品来进行胎教

　　妈妈可以跟随图像、声音一起朗读或默读，也可以闭上双眼，一边聆听朗诵声一边想象诗歌中美好的画面。时长可安排在30分钟至1小时，注意播放时音量不宜过大、刺耳，宜选择听上去感觉舒服悦耳的音量。

看电影：边娱乐边胎教

　　很多妈妈在孕前可能就有看电影的爱好，在怀孕后，也可以适度保持，既能消除烦闷，缓解早孕反应带来的不适，又能享受电影艺术，在娱乐中进行胎教。

1. 慎重选择要看的电影

（1）不宜观看有刺激性画面的电影，如一些令人紧张的恐怖、惊悚悬疑片，一些有过多追逐、枪战镜头的动作片等。这类电影会让妈妈受到惊吓，情绪变得更加不稳定。而且此类影片往往也会过于突出音响效果，对妈妈和胎宝宝都会造成不良的刺激。

（2）不宜观看过悲或过喜的影片。过于悲伤的电影会让妈妈产生压抑的感觉，会受到片中悲哀情绪的影响难以释怀，对妈妈心理健康是很不利的。至于喜剧电影宜选择一些轻喜剧类型的观看，不宜观看过于诙谐幽默、让人大笑连连的影片，以免引起妈妈情绪的过度波动。

（3）宜观看健康积极、温馨快乐的影片。比如描写两小无猜情谊的《怦然心动》、美丽的亲情童话《大鱼》、宫崎骏经典动画电影《天空之城》等等。观影前，妈妈可以通过查看影评来找到这样的影片。另外，妈妈可以观看一些像《子宫日记》这样的科教电影，还能从中学到不少孕育方面的知识。

2. 尽量在家中看电影

（1）尽量避免去电影院看电影。影院恢弘逼真的视听效果对刚怀孕的妈妈会造成过多的刺激，听觉、视觉、感官都会受到较大的冲击，对妈妈身心状态的稳定会产生不良影响。而且影院环境密闭，人口也比较密集，久坐其中，无法呼吸新鲜空气，对妈妈和宝宝的健康都很不利。

（2）在家中看电影也要保持距离。妈妈可以通过电视、电脑来观看电影，但需要与屏幕保持1米以上的距离，并尽量选用液晶屏幕，以减少有害辐射对身体的影响。而且看电影的时间不宜过长，每次欣赏一部或半部电影即可，不要久坐连续看几部电影，以避免引起身体疲劳，影响健康。

胎教故事

《小蝌蚪找妈妈》

【胎教效果】

　　《小蝌蚪找妈妈》是一个简单有趣的故事，在故事中，小蝌蚪不断成长，它生长发育的每个阶段都有不同的身体特征。妈妈和爸爸可以通过这个胎教故事，向胎宝宝诉说它每天的成长变化，有助于和胎宝宝做更好的感情交流，也有利于胎宝宝大脑和神经系统的发育。

【故事正文】

　　一只青蛙在池塘边的水草下面生下了许多黑黑圆圆的卵。然后就到远处抓虫子吃去了。

　　过了几天，卵逐渐孵化，变成了一群小蝌蚪，大大的脑袋，长长的尾巴，样子非常可爱。

　　一只鸭妈妈带着鸭宝宝们到池塘里游泳。小蝌蚪们问鸭妈妈："您见过我们的妈妈吗？"鸭妈妈和气地说："你们的妈妈长着两只大眼睛，嘴巴宽又大，快去找她吧。""谢谢您！"小蝌蚪高高兴兴地游走了。

　　一条大鲤鱼游过来了，小蝌蚪们追上去大声喊着："妈妈！"鲤鱼"扑哧"一声笑了："我可不是你们的妈妈。你们的妈妈有四条腿。""谢谢您！"小蝌蚪再向远处游去。

　　一只大乌龟慢悠悠地游过来了，小蝌蚪们迎上去喊："妈妈！"大乌龟摇着头说："我不是你们的妈妈，你们的妈妈肚皮是白色的。""谢谢您！"小蝌蚪没有灰心，继续向前游去。

　　一只大白鹅游了过来，小蝌蚪们追了上去，连声大喊："妈妈！妈妈！"大白鹅笑着说："我怎么会是你们的妈妈呢？你们的妈妈穿着绿衣服，会唱'呱呱呱'。"

　　找不到妈妈，失望的小蝌蚪们都哭了起来，正在这时，前方传来一阵"呱呱呱"的歌声。小蝌蚪们赶快游了过去，看见一只青蛙坐在圆圆的荷叶上，小蝌蚪们小声问："请问你是我们的妈妈吗?"

青蛙大笑起来："我就是你们的妈妈呀!"小蝌蚪却不敢相信，一齐摇摇尾巴说："可是我们的样子跟你不一样!"青蛙妈妈说："你们现在还小。过几天你们就会长出两条后腿来，然后又会长出两条前腿来，接着脱掉尾巴、换上绿衣裳，就跟妈妈一样了。"

小蝌蚪听了都欢呼起来："太棒了! 我们终于找到妈妈了!"

【贴心小提醒】

在念故事前，妈妈和爸爸最好先将故事的内容在脑海中形成影像，像小蝌蚪的样子、青蛙的样子以及池塘边的风景等，以便比较生动地"视觉化"地传达给胎宝宝。在读故事时则要尽量做到感情充沛，表现出小蝌蚪的焦急和欣喜，鸭妈妈的温和，乌龟的慢吞吞，青蛙妈妈的慈祥和疼爱等。

胎教音乐

《晨光》

胎教效果

班得瑞的《晨光》是一首非常宁静轻柔、空灵缥缈的轻音乐，其中厚实的弦乐加上清脆的风铃声、木管、吉他等美妙的声音，最适合陶冶身心，能够满足妈妈孕早期胎教的需要。

通过欣赏这首乐曲可以调节妈妈的情绪，促进心跳规律、血压稳定、血管收缩正常，有助于减少早孕反应带来的不适，缓解心灵的忧郁和疲劳，也能给胎宝宝建立良好的成长环境。

贴心小提醒

妈妈在欣赏《晨光》的时候，可以一边欣赏一边联想乐曲中描述的幽雅而静谧的景象：朝阳初升，洒落在莱茵河面上，流水淙淙，晨雾弥漫。在联想和想象中，妈妈的身心可以得到更好的放松，胎教效果也会更佳。

《维也纳森林的故事》

胎教效果

小约翰·施特劳斯的《维也纳森林的故事》轻柔华美、轻快流畅，具有浓郁的奥地利民族色彩和乡土气息，优雅动人。特别适合妈妈在孕早期心情低落、情绪不佳的时候倾听，在优美的旋律中，烦躁、焦虑的心情能够得以缓解，妈妈也能够冷静下来，让情绪恢复稳定的状态，避免对胎宝宝发育造成更多损害。

贴心小提醒

妈妈在欣赏这首乐曲时可以配合呼吸、肌肉的放松，进入冥想的状态，调整情绪和胎教效果会更佳。妈妈在冥想中可以想象一幅森林清晨的美景图画：晨曦的阳光照进维也纳森林，透过茂密的树叶洒在林间草地上，鸟儿在鸣叫，牧童吹着短笛……

《遥远的路途》

胎教效果

这首歌是法国电影《放牛班的春天》的主题曲。在这部感人至深的描写师生感情的电影中，童声合唱的《遥远的路途》宛如天籁，能够带给妈妈美好的听觉享受，消除烦躁和焦虑，让妈妈的情绪感到松弛，因而是一首孕早期必备的胎教音乐。

贴心小提醒

妈妈可以在观看这部电影之后再欣赏这首乐曲，在欣赏前最好能读一读翻译好的中文歌词，就能够更好地感悟词曲中所表达的感情：在歌声中，孩子们朝着光明前进，每一颗沉睡迷失的心灵都找到失去的方向。

《泰伊思冥想曲》

胎教效果

这是一首非常经典的小提琴独奏曲，是法国作曲家马斯内的代表作品。乐曲结构简单、旋律优美，悠扬婉转的乐声能够让妈妈受到爱和美的熏陶，压力随之溶解消散，睡前适当聆听还能帮助缓解失眠。

贴心小提醒

这首乐曲妈妈可以单独欣赏，也可以在做冥想胎教时播放，作为一种背景音乐。需要注意的是播放时音量宜略低一些，以不打扰冥想时的思绪为度。

本月贴士

正确防辐射

怀孕初期胎宝宝是最敏感、最需要保护的，如果受到辐射伤害，可能出现发育畸形、智力损伤甚至流产，所以妈妈们都会注意做好防辐射的措施。

不过妈妈也无须谈辐射色变，事实上，每一种家用电器都是有辐射的，但只要在安全的范围内，使用的是符合国家质量标准的合格产品，就不用过度担心导致情绪不稳。比如电脑、电视的辐射值比较低，对妈妈和宝宝影响不大。但也要注意不能长时间坐着看电视、电脑，否则会引起眼睛疲劳、头晕头痛、下肢血液不流通。

妈妈需要警惕的是微波炉、冰箱、电吹风、电热毯、手机等辐射值比较高的电器。对这些电器应尽量减少使用，而且要注意保持一定的安全距离。比如要和运行中的微波炉保持至少1米以上的距离；手机在接通瞬间应当远离头部，并不要把手机长时间挂在胸前或放在贴身的衣袋里。在日常生活中，这些电器如果使用频率少、持续时间短，危害也是可以忽略的。

一般情况下，如果妈妈所处的环境辐射较弱，也不会较长时间接触辐射源，就可以不穿防辐射服。当然，如果有条件的话也可以购买防辐射服，可以起到安抚妈妈情绪、避免过度担心的作用。

Chapter 3

孕2月
胎教，好
心情很重要

妈妈和胎宝宝有什么变化

1 孕2月胎宝宝的生长和发育情况

怀孕第2个月，胎宝宝在妈妈的子宫中继续发育，心脏和大脑等已经发育得比较复杂，还慢慢分化出眼睛、耳朵、嘴巴、鼻子等器官。到了第8周，胎宝宝已经长到2～3厘米，用肉眼可以分辨出头、身体、手和脚。在此期间脐带开始形成，妈妈和胎宝宝之间的联系更加紧密了。

这个时期对于宝宝一生的成长发育都很关键，而此时胎宝宝也是最敏感，最需要细心呵护的。所以妈妈要特别注意避免接触化学药品、X射线及其他射线、有毒物质等，以免胎宝宝敏感的心脏、血管等系统受到损伤。

2 孕2月妈妈的身体变化情况

由于体内激素的作用，妈妈的身体开始发生各种更加明显的变化，早孕反应也会变得更加强烈。

恶心呕吐、食欲不振

孕吐可能会在晨起时或闻到油腻异味时变得更加严重。食欲也会变得很差，不想吃东西，有的妈妈口味会变得异常，开始偏食、挑食，容易导致营养摄取不足，影响胎宝宝正常生长发育。因此要特别注意调整饮食，一般早孕反应会在怀孕3个月以后逐渐结束。

经常感到头晕胸闷

由于胎盘形成，妈妈体内血压会有一定程度的下降，引起大脑供血不足，从而引起头晕。另外，因食欲不佳、频频呕吐导致进食过少，体内血糖降低，也会引起头晕胸闷、虚弱乏力的症状。对此要注意补充营养，并要定期接受产检测量血压。

出现尿频和排尿不尽感

随着子宫在骨盆腔中逐渐长大，膀胱受到挤压，妈妈会出现尿频的问题，可能总跑厕所，还会有尿不净的感觉。这是一种正常的生理现象，妈妈不必过于尴尬，也不要刻意减少水分的摄入，以免引起尿路感染。

腹部疼痛

子宫的迅速成长扩张可能会引起偶尔的腹部疼痛，一般无需特别处理。但如果出现阵发性的或有规则的腹痛，则可能预示着先兆流产。此时不宜盲目卧床养胎，如果发现疼痛加剧或有出血现象，需要立即就医。

别让"孕吐"扰了妈妈的好心情

孕吐是一种正常的生理反应，妈妈不要把它当成是负担和压力，可以从调整心情和调理饮食方面入手，来减轻孕吐带来的不适。

1. 让自己处于稳定的情绪中

科学研究已经发现，怀孕期间心理压力过大，精神过度紧张、焦虑、激动的妈妈早孕反应会更为严重一些。比如要同时面对家庭、工作中很多难以解决的问题，承担多重压力的妈妈就容易有比较严重的孕吐发生。剧烈的持续性的呕吐会引起妈妈脱水、营养不良、消瘦甚至酸中毒，更可能引起胎宝宝发育不良，诱发流产和唇腭裂等畸形发育。所以妈妈一定要注意放松心情，可以适当做一些户外和集体活动，以分散注意力，缓解心理压力。必要的时候也可以求助医生适当服用维生素B_6等稳定神经系统，减少孕吐的发生。

2. 适当调整自己的饮食习惯

妈妈不要强迫自己在固定的时间进餐，每天可以根据自己的食欲情况少食多餐。可以经常变换食物的种类，根据口味的变化适当尝试一下孕前不爱吃的食物，但要注意避免油腻的或有刺激性的食物，以免恶心感加重。酸性食物也不宜多吃，酸性食物虽然可以在一定程度上缓解早孕反应，可是过量食用却会使妈妈体内酸碱失衡，加重了妈妈头晕、乏力、嗜睡等症状，这是需要避免的。

3. 避免营养摄入不足

妈妈要尽量克服不适的感觉，多吃些营养丰富、清淡、易消化的食物，做到优质蛋白质、维生素、矿物质等各类营养合理搭配、均衡摄入，以保证对自身和胎宝宝的营养供给。妈妈还应注意补充水分，有助于避免经常呕吐引起的脱水等，还可以防止便秘。至于脂肪则不必过多补充，否则妈妈体重会过度增加，还有可能产生巨大儿，将给分娩造成不少困难。

爸爸快来帮助妈妈减压

爸爸要用智慧、爱心和耐心帮助妈妈减轻早孕反应带来的压力，避免妈妈因情绪不稳对自身健康和胎宝宝发育造成不良影响。

1. 照顾好妈妈的饮食起居

　　厨房油烟味可能引起妈妈反胃、恶心，爸爸要帮助分担家务，减少妈妈自己下厨的机会。对早孕反应严重的妈妈，爸爸要更加悉心的照顾，并多学习一些孕期饮食方面的知识，为妈妈准备可接受的食物。爸爸可以把房间布置得更加温馨一些，多放置一些妈妈喜欢的物品如可爱的宝宝图片等。另外，爸爸还要记得敦促妈妈及时增减衣物，避免受凉感冒，并要嘱咐妈妈远离微波炉、电热毯等辐射源，有条件的话，可以给妈妈添置一套防辐射服。

2. 给妈妈足够的赞美和鼓励

　　爸爸要从精神上更加关心和呵护妈妈，接受妈妈的一切变化。妈妈一般会变得比较敏感，有时会认为怀孕让自己不再有魅力，爸爸就更要细心一些，不要让妈妈有被冷落的感觉。爸爸要多说些赞美的话，对妈妈的美丽和付出给予足够的肯定，还可以发挥一下自己的幽默天分，用一些风趣的语言让妈妈放松身心，克服早孕反应。

3. 和妈妈一起做抚摩胎教

　　怀孕第2个月，胎宝宝已经有一定的感觉了。爸爸每天可以在固定的时间抚摩、轻拍妈妈的腹部，这样既可以通过触觉和胎宝宝进行沟通，也能让妈妈感受到爸爸对胎宝宝的接受和疼爱。妈妈的心情会变得愉悦和舒畅，有助于减轻早孕反应。

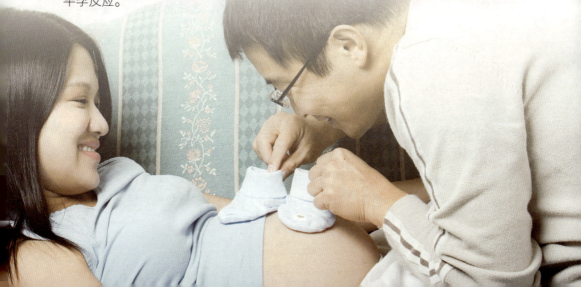

4. 和妈妈一起从事有趣的活动

　　妈妈因早孕反应而情绪低落时，爸爸要尽量抽出时间，陪妈妈一起做一些平时喜爱的事情，如看书、看电影、听音乐、欣赏艺术品、散步等，让妈妈感受到爸爸时刻在身边支持和关注着自己，可以帮助妈妈减轻孤独、沮丧等不良情绪，缓解早孕反应带来的不适。

妈妈的微笑是最好的胎教

　　在微笑时，妈妈愉悦、安适的心情可促使大脑皮层兴奋，使血压、呼吸、脉搏、激素分泌处于相对稳定的状态，不仅有利于妈妈的身心健康，也能改善胎盘供血量，让胎宝宝能够更加健康、安稳的成长。

1 妈妈多寻找微笑的机会

　　妈妈可以多欣赏一些轻喜剧类型的电视节目或电影，让自己在幽默的氛围中发出自然的会心微笑。也可以阅读一些文笔风趣的散文、随笔、小说，看一些比较滑稽的图片等，还可以和爸爸一起回顾幸福的过去，为自己寻找开心微笑的机会。在微笑时妈妈不妨对着镜子，看看笑容是如何让自己的面容变得富有光彩和活力的，这种发自内心的微笑也会让腹中的胎宝宝感受到快乐。

2 用食物来调整低落的情绪

　　如果妈妈总是情绪低落、缺乏笑容，不妨吃些能够调节情绪的食物。比如富含色氨酸的香蕉、牛奶等，被人体吸收后可转变成一种神经递质——5-羟色胺，能够消除不良情绪，并可改善失眠；富含B族维生素的坚果如核桃、花生等可以起到调节情绪，预防抑郁症的作用；富含镁的菠菜等绿色蔬菜可以让妈妈的头脑和身体感到放松，缓解早孕反应带来的压力。

3 爸爸也要常常微笑

爸爸的情绪也会影响到妈妈，爸爸发自内心的、充满关爱和喜悦的微笑，会将快乐、良好的心理状态传递给妈妈。胎宝宝接收到这种积极的影响，生理和心理各方面的发育会更加健康。

现在，妈妈可以养些绿色植物

养些绿色植物，既能清洁空气、美化环境，也能陶冶情操、改善情绪，有助于减轻孕早期的生理反应，让妈妈身心状态更趋稳定，可谓是一种有益的间接胎教。不过妈妈要注意以下几点：

1 选择适合种植的植物种类

（1）**能吸收有害物质，改善环境的绿色植物。**比如装修过的居室大都有甲醛超标的问题，妈妈长期处于其中，可能出现贫血、慢性呼吸道疾病，严重时更可诱发先兆流产和胎宝宝畸形，为了吸收甲醛，就可以养上一盆芦荟或是吊兰、绿萝、常春藤、文竹等，可以通过叶片吸收大量甲醛，还能帮助吸收苯、一氧化碳、过氧化氮等其他空气中的有害物质，为妈妈和胎宝宝提供安全的呼吸环境。

（2）**能驱除蚊虫的植物。**很多驱蚊产品所含的有效成分对于妈妈和胎宝宝都是有害的，为了避免蚊虫叮咬，居室内可以种植茉莉、米兰等有驱蚊作用的植物，对人体却没有毒副作用。而且这类植物产生的挥发性精油还有杀菌的作用，有助于预防疾病。

（3）**能够改善情绪的植物。**茉莉、紫罗兰、橙花等植物有促进活力和纾解压力的功效，可使妈妈放松心情，并能改善失眠。在居室种植这类植物，有助于减轻早孕反应带给妈妈的不适。

（1）**香味浓烈或有刺激性气味的植物。**孕2月妈妈常会恶心、呕吐，如果再闻到浓烈的花香或刺激性气味，就会加重不适感，还会影响妈妈的食欲，对胎宝宝的健康也非常不利。比如夜来香的香味会让妈妈感到头晕目眩、胸闷难受；水仙花的味道会让妈妈感到头疼、头晕；松树松针发出的气味会刺激肠胃，加重早孕反应。

（2）**有毒性的植物。**比如郁金香的花朵中含有有毒碱，妈妈经常接触可能引起头晕难受，并可影响胎宝宝的正常发育；夹竹桃树皮、树叶、花朵都具有毒性，可能引起中毒，出现恶心、呕吐、腹泻、腹痛等症状；含羞草中的含羞草碱有毒性，经常接触可能引起头发、眉毛变黄甚至脱落。因此怀孕后最好咨询一下专业园艺师，避免误将有毒植物带回家。

（3）**引起过敏的植物。**洋绣球花、玉丁香、仙人掌等植物的花粉或汁液可引起过敏，妈妈如果经常接触，就会引起皮肤急性过敏，感觉瘙痒、刺痛，严重时还会有黏膜水肿的现象。有哮喘病史的妈妈接触紫荆花等植物，还会加重病情。

2
妈妈不宜种植的植物

3
不要把植物放在卧室内

怀孕期间需要充分的氧气供给，但是植物会在夜间吸进新鲜的氧气，放出二氧化碳，导致室内氧气水平降低，如果卧室里有太多植物，妈妈长期在这种坏境下睡眠，可能会感到呼吸困难、睡不安稳，对胎宝宝的健康也非常不利。

4
养花种草也要注意安全

怀孕后，妈妈从事园艺活动，一定要注意避免接触可能引起胎儿畸形的化肥、农药等物品。而且妈妈做浇水之类的劳动时也要注意安全，不可搬运过重的水桶或长时间弯腰浇灌，以免引起流产。其实室内植物对水分的要求并不多，不需要天天浇水，没有阳光直晒的植物，可以四至五天再浇一次水。

动手为宝宝做几本有趣的布书

　　早孕反应越来越大，妈妈可以做点有意思的事情转移注意、调整心情，做布书就是一个非常好的选择。为宝宝做一本撕不烂、咬不坏、无毒无害的布书，这个过程，充满了温馨的童趣，妈妈可以愉悦身心，胎宝宝也能得到快乐的胎教。而且做好的布书将来还能成为一种早教智力开发玩具，有助于提高宝宝的认知能力，培养宝宝的阅读兴趣。

1. 布书内容的选择

　　（1）一定要符合宝宝的心理特点和接受能力。不要用一些复杂的图画或文字，那样宝宝会觉得没有兴趣，不爱阅读。应当尽可能地采用鲜艳的颜色，简单的图形，如果感到无从下手也可以事先搜集一些童书的图案作为参考。至于文字则应尽量简洁，也可以只有图形，不用文字。还可以粘贴会动的玩偶等，会使布书变得更加有趣。

　　（2）满足宝宝不同的成长阶段和年龄需求。可以内容由浅入深，多做几本布书。比如最简单的区分颜色的布书，出生3个月的宝宝有了颜色认知能力后，就可以阅读；提高宝宝认知能力的水果布书、蔬菜布书等，宝宝出生6个月以后可以阅读；还有数字书、字母书等，2岁左右的宝宝开始阅读对今后学习能力的提高很有帮助。

2. 做布书的方法

　　（1）使用安全的材料。可以用无毒无刺激性的无纺布或棉布来制作布书，中间的填充物可以用干净的棉花，这样做好的布书会更加柔软。另外还需要准备缝制用的针线、剪刀等。需要提醒的是，不要在布书上装饰小珠子、亮片等，这样虽然美观，但是宝宝在啃咬布书的时候可能吞下这些装饰品，造成危险。

　　（2）对照草稿来裁剪。打好草稿，标记出不同部分的用色。剪好一块长方形的无纺布，对折成正方形的布书书页。然后根据草稿图再裁出不同颜色的布块图案，将它们缝到书页的两边，再将棉花均匀地填进书页中，锁边即可。最后将做好的书页加上一个漂亮的封面，用绳子穿在一起或用线缝在一起，一本布书就完成了。

孕妈妈的歌声可以温暖胎宝宝

孕2月，胎宝宝的听觉器官已经开始发育，对外界的声音能够有所感觉，妈妈可以哼唱歌曲，用歌声给胎宝宝音乐熏陶和情感激发，有助于为进一步实施音乐胎教打好基础。而且唱歌本身，也有改善情绪、缓解压力的作用，能让妈妈感觉更加放松，给胎宝宝一个优越的发育环境。

1 在歌声中融入自己的情感

有的妈妈可能会担心自己没有学过声乐技巧，唱歌不好听，其实只要带着真挚的感情，满怀爱意地对胎宝宝唱歌，宝宝就会受到感染，会喜欢这样的声音。妈妈可以选择自己比较喜欢的歌曲哼唱，但需要注意选择节奏较慢、旋律优美的歌曲，比如舒伯特的《摇篮曲》、民歌《茉莉花》等，并保持心态平和，把愉快、安宁的信息通过歌声传递给胎宝宝。

2 注意唱歌时的音量和音调

给胎宝宝唱歌声音宜轻而温柔，声带的震动会传遍全身，且穿过子宫、透过羊水，使胎儿受到影响，轻柔的声波震动等于像是给胎儿温和的按摩。但用力放声高歌，则不仅会惊吓到胎宝宝，影响宝宝发育，还可能伤害声带，导致声音嘶哑、声带小结等。而且过度用力也有诱发先兆流产的风险。另外，要注意唱歌时间不能过长，唱完歌还要注意喝些温开水，以保护声带。

不要去KTV、练歌房唱歌

　　怀孕后最好不要常去娱乐场所唱歌，这些地方音乐音量过大、人声嘈杂，可能影响胎宝宝听力的发育，甚至还会造成因噪声过度刺激，引起流产等严重的后果。并且这类场所环境密闭，空气污染严重，妈妈置身其中，会感到呼吸困难、头晕胸闷，更会危及胎宝宝的安全。

运动胎教要适度

　　运动能够改善妈妈的体质，可以舒缓心情，保持精神振奋，也能为胎宝宝准备一个好的生长环境。但孕早期的运动一定要注意方式和方法。

1. 避免进行剧烈运动

　　由于孕早期胚胎发育还不稳定，容易发生先兆流产，所以特别要注意不能剧烈运动。比如需要跑动、跳跃、扭腰、下蹲的运动，以及可能发生身体碰撞的运动像打篮球、打排球等都不宜进行。

2. 避免长时间运动

　　运动时间过长，会超出身体负荷，妈妈会觉得身体不适，有呼吸困难、头晕欲呕、心胸疼痛的现象出现，还可能引起腹痛、阴道出血，甚至会导致流产。所以妈妈要注意控制运动时间，一般每次运动不要超过半个小时。在运动时，如果感觉不舒服就要马上停止，并注意观察自己的身体情况，有必要的话应立即就医。另外，如果妈妈有流产史、心脏病史，或患有妊娠高血压等疾病，则不适合定期运动，应遵循医嘱卧床静养保胎为宜。

3. 选择安全的运动方式

　　散步可以继续进行，可

以依妈妈的身体条件调整散步的时长，并注意动作缓慢一些，中途可适当休息。另外妈妈可以做一些动作舒缓的体操、瑜伽等，要注意动作幅度不可过大，尤其不能让腰部和下腹部持续受力。妈妈最好在运动前先咨询医生和专业人士，在科学的指导下进行锻炼。

狮吼式瑜伽

胎教效果 让身体从背部开始完全放松，可起到缓解压力、改善情绪的作用，对胎宝宝的成长发育很有帮助。同时可以改善面部血液循环，预防面部水肿，常做可让妈妈变得更加美丽。

运动次数 3~5次

辅助用具 瑜伽垫

完整动作

2 上身略向前倾，双手十指张开，平放于身前，指尖轻轻触地。双臂伸直，双肩放松。

1 屈膝跪坐，脚跟分离，两脚趾微微接触。臀部后坐于两脚内侧。

3 背部放松，头略后仰，深吸气。

4 呼气，张开嘴巴，伸出舌头，发出类似狮吼的"哈哈"的声音，保持5～10秒。

5 吸气，收回舌头，合拢嘴巴，保持5～10秒。

贴心小提醒 孕妈妈手臂、背部可以伸展到自己感觉最舒服的位置，不要勉强自己一定要做到位。在呼吸练习时不要特别收缩腹部，充分使用可能的呼吸空间即可。

雷电坐

胎教效果 能够改善消化，缓解孕早期胃酸分泌过多、胃胀、恶心、呕吐等症，并可促进食欲，帮助妈妈为胎宝宝摄取更多的营养成分。

运动时长 6～10分钟

辅助用具 瑜伽垫

完整动作

3 背部挺直，双手自然放在大腿上，放松肩膀、手臂，并保持自然的呼吸。

1 屈膝跪坐，脚背贴地，双膝轻轻并拢，也可以略微分开。

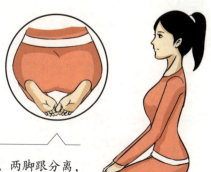

2 双脚脚趾相互交叉，两脚跟分离，朝向外侧。臀部后坐于两脚内侧。

贴心小提醒 如果不习惯脚趾交叉的感觉，也可以简单地将脚趾轻触，跪坐在脚跟上练习，并可在臀部和脚跟之间放上一个坐垫，妈妈会觉得更加舒服轻松。

胎教故事

《要下雨了》

【胎教效果】

这个童话故事语言生动有趣，非常简单好懂，而且蕴含着一定的自然知识，能够对胎宝宝的听觉系统和大脑神经系统的发育给予有利的刺激。

【故事正文】

夏季的一天，天气很闷热，一只小白兔正在树林上找蘑菇，忽然看见小燕子低低地从头上掠过。小白兔大声喊："燕子姐姐，你怎么飞得这么低呀？"

燕子急匆匆地边盘旋边说："要下雨了。空气湿漉漉的，小虫子的翅膀沾上水珠都飞不高了，我只有飞低点才能抓到虫子啊！"

"要下雨了！"小白兔相信燕子姐姐的话，赶紧拿起篮子往家走，半路上经过小池塘，看见小鱼都游到水面上来了。小白兔跑过去问："小鱼妹妹，你们怎么游出来啦？"

小鱼说："要下雨了。水里好闷，我们只好到水面上来透透气。"

听了小鱼的话，小白兔挽起篮子走得更快了。到了家门口，小白兔看见一大群蚂蚁正排着队往洞里走呢。小白兔喊："蚂蚁弟弟，快回家吧，要下雨了！"蚂蚁们回答道："是要下雨了，我们正忙着搬东西呢！谢谢你兔子姐姐。"

小白兔推开了家门，放下了篮子，还没来得及坐下歇一歇，就听见轰隆隆一阵雷声，接着"哗，哗，哗"，倾盆的大雨就下起来了。

【贴心小提醒】

爸爸妈妈可以用生动的语言给胎宝宝描述一下故事中出现的各种小动物的形象，并给胎宝宝简单讲一讲"燕子低飞、鱼游出水面、蚂蚁搬家"与下雨的关系。

《小马过河》

【胎教效果】

这个故事非常浅显易懂，却包含着深刻的道理，妈妈阅读时用充满想象力的大脑放大后传递给胎宝宝，可以很好地促进胎宝宝的心灵健康成长，为培养宝宝的想象力、独创性以及进取精神打下基础。

【故事正文】

有一匹小马和他的妈妈住在小河边，每天妈妈都会渡过小河，给对岸的磨坊送面粉。

有一天，妈妈对小马说："孩子，你已经长大了，可以帮妈妈做事了，今天你帮妈妈去送面粉吧。"小马听了非常高兴，马上扛起了一袋面粉，踏着轻快的步子出发了。

来到小河边，小马发现自己没有问清楚妈妈怎么过河，不知道河水深不深，会不会有危险。

小马看见一头老黄牛正在附近吃草，就很有礼貌地问："牛伯伯，这条河水深吗？"老黄牛摇摇头说："一点都不深，才到我的小腿。"小马一听放心了，就迈开大步准备下河去。

这时一只小松鼠着急地向他喊："小马小马，快停下，有危险！"小马吓了一跳，赶紧站住。松鼠大声说："河水太深了，昨天还把我的一个伙伴卷走了，你可不能下水啊！"小马听完觉得很为难，不知道该相信谁的话。

最后小马只得回家去问妈妈。妈妈没有说什么，只是带着小马又一次来到河边，让小马自己去试一下河水的深度。小马小心地一步一步踏进河里，发现河水没有牛伯伯说的那么浅，但也不像小松鼠说的那么深，只有自己亲自下河，才知道能不能过。

【贴心小提醒】

爸爸妈妈可以给胎宝宝朗读这个故事，也可以配合看《小马过河》的动画片，在看的时候，要注意将故事中的小动物形象等清楚地描述给胎宝宝听，最后还要给胎宝宝讲一讲这个故事蕴含的道理：遇到问题不要只听别人的意见，要敢于自己大胆地去尝试。

胎教音乐

《月光》

胎教效果

法国作曲家德彪西名作《月光》旋律优雅动人，有安抚心灵的作用，能够带给妈妈一种宁谧、平和的音乐享受，可以帮助妈妈缓解孕早期的各种心理压力，纾解忧郁和烦恼。不仅如此，妈妈获得的美好感受传递给腹中的胎宝宝，也能产生良好的艺术熏陶的效果。

贴心小提醒

在欣赏这首乐曲前，妈妈可以先调整呼吸，让身心放松，有助于更好地进入音乐中的意境。在倾听音乐时，可以在脑海中为胎宝宝描绘月光如水般缓缓倾泻在整个房间的美好画面，胎教的效果会更好。

《小星星变奏曲》

胎教效果

莫扎特创作的这首钢琴曲是一首脍炙人口的名曲，它节奏欢快，旋律富有童趣和可爱的魅力，可以将愉快欢乐的情绪传递给妈妈，并能让胎宝宝也受到感染，有助于宝宝的情感发育。

贴心小提醒

在欣赏完这首乐曲后，妈妈还可以为宝宝哼唱童谣《小星星》："一闪一闪亮晶晶，满天都是小星星，挂在天上放光明，好像许多小眼睛。"唱的时候，声音要温柔、平静，音量以自己刚好能听清为度，最好能够面带微笑，让胎宝宝能够感受到妈妈的快乐和爱意。

《春江花月夜》

胎教效果

这是一首优美的古筝民乐，优美动听的旋律能够影响妈妈的情感，减少孕早期烦躁、易怒、易激动、抱怨等情绪对妈妈和胎宝宝的不良影响，有助于宝宝在子宫内安稳平静地生长。乐声的节律性震动对于胎宝宝大脑发育也能产生良好的刺激，能够促进宝宝的智力发育。

贴心小提醒

妈妈在欣赏这首乐曲时，可以用形象的语言为宝宝描绘一下春天月夜下，江南水乡江畔的迷人景色，既能让宝宝得到艺术熏陶，也可以借助和胎宝宝沟通的方式而影响胚胎发育，促进胎宝宝的健康成长。

本月贴士

小心
噪音

噪音是一种无形的污染，它的危害不可小视。在日常生活环境中，超过50分贝的声音就会影响睡眠和休息，可以称为噪音。超过70分贝的噪音会影响正常的听力和身体健康，超过100分贝的强噪音可能引发耳聋等严重后果。

怀孕后，妈妈如果经常处于强度60分贝以上的噪音环境中，会感到身体非常不适，精神烦闷紧张，呼吸和心率加快，有早孕反应的妈妈恶心、呕吐、头痛、失眠的情况也会增多，严重的时候还会影响正常的进食和睡眠。不仅如此，长时间的强噪音会引起妈妈内分泌失调，对胎宝宝胎心、胎动、呼吸都会造成影响，可能引起胎宝宝发育不良，甚至可能诱发畸形发育、流产等。

因此在孕早期，特别是妈妈开始出现早孕反应以后，应当特别小心身边的噪音，尽量避开机场、工厂车间、火车站、闹市区、歌厅、舞厅等噪音污染严重的环境；如果工作和居住环境的噪音过大，可以尽可能地临时调整一下工作和居住地点；在家中收看电视节目、听音乐的时候声音不可太大，妈妈和家庭成员平时说话的时候也要避免大声喊叫，宜尽量用柔和的中等音量进行胎教。

需要提醒的是，如果只是短时间接触强度较低的噪音，危害是极小的，妈妈不必过度紧张，以免情绪不稳定，不利于胎宝宝的正常发育。

Chapter 4

孕3月
胎宝宝初
具人形了

妈妈和胎宝宝有什么变化

1. 孕3月胎宝宝的生长和发育情况

孕3月胎宝宝的眼睛、鼻子、耳朵等器官越来越清晰，尾巴完全消失，手脚发育成形，样子已经非常像人了。胎宝宝的内脏器官也在继续发育，怀孕11周后，胎宝宝的心脏血管系统发育成熟，从胎音器可以听到胎宝宝心跳的声音。胎宝宝的泌尿系统、生殖系统也逐渐发育，并开始进行排泄，这时胎宝宝的身长大小大约相当于成年人的一只拳头。这个月暂时还不能感觉到胎动，不过，胎宝宝可能正在妈妈腹中忙碌地做着踢腿、吃手指、舒展身体等活动。

2. 孕3月妈妈的身体变化情况

孕3月早孕反应会加剧，妈妈恶心、呕吐、食欲不振的情况变得更加频繁了，并且还会出现其他的不适症状。

头痛

孕早期激素分泌及血压的变化等可能会引起头痛或偏头痛，并伴有头晕、乏力、嗜睡等多种症状。一般注意休息和睡眠会有所缓解，但如果出现持续剧烈头痛，则应尽早入院检查，找出头痛的原因。

腹胀、便秘

子宫持续增大会压迫膀胱及直肠，除了会让尿频、尿急等症状加重外，还会引起腹胀、便秘。孕前如果有便秘问题的妈妈，怀孕后可能会更加严重。对此要多吃些含丰富膳食纤维的蔬菜、水果，并可遵医嘱晨起空腹喝适量蜂蜜水，同时注意调整情绪，避免过度焦虑，有助于缓解便秘痛苦。

阴道分泌物增多

黄体酮等体内激素持续旺盛分泌会引起阴道分泌物增多，妈妈应当注意个人的清洁卫生，勤换内裤。如果出现外阴瘙痒、疼痛，白带呈黄色，有怪味、臭味等症状时，就需要就诊排除外阴或阴道疾病的可能。

牙痛

由于体内激素水平变化，加之孕吐引起口腔环境酸性化，容易出现妊娠性牙龈炎等多种问题，可引起牙龈红肿、疼痛、出血。预防的方法是注意口腔卫生，坚持饭后刷牙漱口，并宜吃质软、不需费力咀嚼的食物。如果牙痛难忍，应尽量通过食疗或冰敷等方法来缓解疼痛，必要时可到正规牙科诊所局部冲洗上药。要注意不可盲目服用止疼药，以免对胎宝宝发育造成不良营养。

孕3月开始抚摸胎教

从这个月起，胎宝宝在妈妈腹中的活动变得更加频繁，也能够感受到外界的一些刺激了。**妈妈和爸爸可以轻轻地、有规律地抚摸腹壁，这样能够刺激胎宝宝的触觉，宝宝会变得更加积极，感觉器官、大脑及神经系统的发育也能得到促进。**而且通过抚摸，爸爸妈妈还能和宝宝进行最初的交流和沟通，对宝宝的情感发育也能起到很好的促进，也能为孕中期的抚摸胎教打好基础。

做抚摸胎教时，妈妈宜先排空小便，平躺在床上或瑜伽垫上，也可以靠坐在沙发上，全身放松，自然地伸展开四肢，感觉到腹部是松弛不紧张的。然后爸爸或妈妈自己轻轻用手掌掌心，有规律地按照从上到下、再从左到右的顺序抚摸妈妈的腹部。在胎教过程中，可以适当放一些节奏舒缓、旋律优美的轻音乐等，效果会更好。

抚摸的时候，动作一定要尽可能的轻柔徐缓，感觉就像在抚摸刚出生的宝宝一样。同时可以用温柔的语气和胎宝宝进行"对话"，告诉宝宝"爸爸妈妈正在抚摸你"，**让宝宝能够感受到父母的存在和关爱，也能够让宝宝产生一种安全感。**抚摸的时间不宜过长，每天早晚两次即可，每次不要超过10分钟，并要注意妈妈的身体状态。如果妈妈有情绪不佳、孕吐难受或其他不舒服的情况，则不宜进行，应等到妈妈感觉愉快、平静的时候再安排胎教。

妈妈多做动脑游戏，宝宝更聪明

　　妈妈和胎宝宝之间是有信息传递的，妈妈爱动脑，对于新知识充满旺盛的求知欲，就会不断刺激胎宝宝的大脑发育，有助于宝宝的智力发展。但是因早孕反应的影响，很多妈妈会感到懒洋洋的，没有精神、不爱思考，这时不妨来玩一些富有乐趣的动脑游戏，既能缓解身体的不适，又能在轻松娱乐的氛围中进行胎教。

1. 适合妈妈玩的动脑游戏

　　一些比较平缓，对身心不构成强烈刺激的动脑游戏，如拼图、魔方、九连环、猜谜、脑筋急转弯等，都可以成为妈妈胎教时的选择。

魔方

　　将打乱的魔方六个面颜色复原，不仅能够锻炼妈妈的逻辑思考能力和空间思考能力，也能成为一种辅助胎教方法，为胎宝宝开发智力打基础。同时，玩魔方的时候手指需要不停运动，也能达到健脑的目的。

九宫格

　　九宫格每行每列，每个空格中，只能填1到9这9个数字，且每个数字都不能重复出现。妈妈玩这个游戏，能够锻炼数字推理能力，也能对胎宝宝的智力发育产生良性刺激。

脑筋急转弯

　　这类谜题的题面往往看上去都非常普通，答案也常常令人发笑，但是却是锻炼思维的好方法，可以让妈妈学会另辟蹊径，换个方式思考。比如"小红在家里，和谁长得最像？"答案是"她自己"。妈妈可以一边做脑筋急转弯谜题一边和宝宝对话，一起分享动脑的快乐。

猜谜语

　　猜谜语能够激发思考的兴趣，培养推理及想象能力，猜对了答案还能让妈妈获得一种成就感和满足感。妈妈也可以出一些谜语让爸爸猜，或者和爸爸一起比赛谁猜对的谜语更多，这样能够获得更多的游戏乐趣，也能将快乐和智慧传递给胎宝宝。

棋牌游戏

妈妈可以根据自己的爱好挑选喜欢的游戏和爸爸一起玩，如扑克、麻将、象棋、五子棋等，既能够益智健脑、改善心情，也能够提升夫妻感情，让胎宝宝也能获得良好的刺激。

2. 玩游戏要适度

孕期毕竟不同于往日，玩游戏一定要注意节制，切勿上瘾，更不能影响正常的休息，否则会引起身体过度疲劳，对胎宝宝发育极为不利。而且，妈妈玩游戏的时候还要避免久坐，一天最好不要超过1～2个小时，每隔半小时就要起身活动，以避免便秘、腹胀、消化不良等症加重。

3. 玩游戏不要影响情绪

妈妈要注意尽量保持轻松、愉快的心情，不要过分看重游戏的胜败结果。特别是玩棋牌类游戏时要保持好的心态，不要因为一时的输赢生气、沮丧甚至发怒、叫嚷，这样会严重影响胎宝宝的安全成长。因此妈妈要时刻告诫自己：输赢不是目的，要重视的是游戏本身的乐趣和对宝宝智慧的启迪。

用幽默化解孕3月的抑郁

妈妈因早孕反应感到心情低落、沮丧、抑郁时，可以用幽默来化解不良情绪。幽默可使妈妈在笑声中放松紧张的心情，舒缓压抑的情绪，减轻焦虑和烦恼，帮助妈妈调控身心的健康与欢愉，为胎宝宝提供良好的生存环境。

1 要有乐观的心态

　　妈妈要注意保持心胸豁达，遇事不要钻牛角尖，不要太计较小事。只有拥有乐观的心态，才能具有幽默感，并从中获得快乐，轻松度过孕早期。相反，如果情绪悲观消极，即使发现了幽默的事物也是难以受到感染的。

2 用智慧培养自己的幽默感

　　英国戏剧家莎士比亚曾经说过："幽默和风趣是智慧的闪现。"幽默和滑稽搞笑是不同的，幽默充满机智，令人开心之余又充满了耐人寻味的魅力。妈妈为了培养幽默感，就要善于运用自己的智慧，锻炼机敏的思维，提高观察力和想象力，才能做到真正的欣赏幽默。这本身也是一种很好的胎教方式，对胎宝宝的智力开发能够形成良好的刺激。

3 寻找幽默的材料

　　妈妈可以多读一些中外幽默文学作品、名人趣事，看一些幽默大师表演的经典节目等，能够从中获得很多快乐。妈妈可以把自己看到的幽默故事用简单有趣的语言稍加改编之后，在胎教时讲给腹中的宝宝听，让宝宝也能感受幽默。另外，一些幽默风趣的音乐也可以有选择地作为胎教内容，比如德沃夏克的《诙谐曲》等。

剪纸也是一种艺术胎教

　　剪纸是一种民间艺术，用剪刀将颜色鲜艳的纸张等材料剪成各种各样的镂空图案，给人以美的享受。妈妈在身体比较舒适的时候不妨来动手做做剪纸，既可以提高审美能力，也能调剂心情，还能对胎宝宝进行艺术胎教，传递美的感受。

　　妈妈不用担心自己剪得不好，只要在剪纸的时候感觉自己是在进行一项艺术创作，能从中获得艺术熏陶和快乐的感觉就足够了。

1. 剪纸的材料准备

要准备有手感舒适、刀口锋利、活动自如的尖嘴剪刀，斜尖刀片的小刻刀以及订书机、铅笔、胶水、水彩笔、白色硬纸板等。剪纸的纸张没有特殊要求，可以用彩色纸张，也可以用废旧报刊的纸张，还能达到节约的目的。

2. 剪纸的内容

剪纸的内容没有要求，妈妈可以从剪纸图样中选择一些传统图案如剪喜字、鸳鸯、莲花、动物图案等等，也可以大胆地进行创造，用剪纸图画来描绘心中的世界。比如，妈妈可以根据对胎宝宝的想象剪出胖娃娃的形象，并和胎宝宝进行沟通，为宝宝描绘所剪图形的样子。

3. 剪纸的方法

（1）准备图样。先用铅笔勾画好剪纸图样，再把图样用订书机钉在准备好的纸张上。

（2）剪刻图形。然后用剪刀沿着图样的边界剪出大的轮廓，再用刻刀进行镂空加工。

（3）上色。剪好大致的图样后，可以按照需要用水彩笔涂上各种颜色，让图形变得更加美观生动。

（4）装裱。先将剪纸压平，再涂上胶水，粘贴在白色硬纸板上即可。

爸爸妈妈和胎宝宝一起玩儿童玩具

玩具不是孩子的专利，妈妈在孕期玩一玩玩具，能够找回童年的美好记忆，也能暂时忘却早孕反应引起的不适，可起到减压的作用。如果爸爸和妈妈一起玩玩具，还能够让夫妻关系变得更加和睦，让胎宝宝也能感觉到家庭环境的和谐和安稳，有助于宝宝的健康发育和成长。

1

注意选择材质
安全的玩具

挑选玩具时一定要仔细检查玩具的包装和吊牌，上面会注明产品执行标准、安全警示信息等，可以作为购买玩具的参考。选择使用环保材料、无毒无害的玩具，对妈妈和胎宝宝的健康都是非常必要的。比如挑选毛绒玩具时就要注意填充物使用的不是黑心棉或其他有害物；挑选彩色塑料玩具时要注意油漆、聚合物等含砷、铅、汞、镉等重金属元素是否超标；在挑选金属玩具时要稍加抚摸一下，看看尖端是否锐利，边缘是否光滑无毛刺等。另外避免选择噪音大的电动玩具，以免引起妈妈头痛头昏、耳鸣烦躁、情绪紧张。

2

玩玩具时也要
注意安全

在玩玩具之前应仔细阅读使用说明书，注意可能出现的各种安全隐患。比如玩弹珠枪等弹射玩具时要注意避开头部，以免射伤眼睛；妈妈不要长时间抱着长毛绒玩具玩耍，以免让尘螨或细菌进入人体，引起疾病，甚至会影响到胎宝宝的正常发育。对于这类毛绒玩具，如果妈妈经常玩耍，还要定期清洗或者消毒，并放在日光下暴晒。

和胎宝宝一起来"找茬"

找茬游戏操作简单，富有趣味性，能够让妈妈从游戏中得到愉悦的体验，还能获得分析、观察力的锻炼。一局游戏结束，更会有一种让人兴奋的成就感和满足感，能够有效缓解妈妈孕早期低落消沉、焦虑烦躁等负面情绪，对胎宝宝来说也能产生一种快乐和启智的胎教效果。

找茬游戏没有什么特别的技巧，只要通过仔细观察，就能找到两幅图画之间的不同之处。一般的找茬游戏设置的是有5处不同，可以用鼠标将它们标记出来。在限定时间内，如果全部找出则进入下一张图片。全部图片完成后，一局游戏结束。"找茬"可以妈妈单人进行，也可以邀请爸爸一起对战。

需要注意的是，找茬游戏非常有趣，但只能作为短时间的消遣，千万不能"上瘾"。妈妈不要长时间盯着屏幕"找茬"，以免视觉疲劳，引起头晕、眼花、视力受损等。而且久坐在电脑前玩找茬游戏也不利于下肢血液流通，更可能压迫子宫影响胎宝宝正常的生活空间。所以适度游戏即可，一般每次不要超过20分钟，有不舒服的感觉就要及时停止并缓缓站起，慢慢活动身体直到不适感消除。

胎宝宝也会"欣赏"名画

胎宝宝"欣赏"名画主要是靠妈妈进行间接胎教来实现的，妈妈将自己看到的画面、体会到的情感通过感觉、语言等多种方式向胎宝宝积极传达，由此可以刺激胎宝宝的视觉、听觉，促进大脑发育。不仅如此，这种美术艺术胎教还能带给妈妈美的享受和艺术熏陶，让妈妈精神放松、心情愉悦，减轻早孕反应带来的痛苦，也能为胎宝宝创造健康安宁的生长环境。

1 妈妈欣赏名画的途径

妈妈可以根据自己的身体情况，选择去美术馆或艺术馆欣赏名画作品真迹，感受艺术瑰宝的魅力。如果不便外出，妈妈也可以从工艺美术商店或商场购买名画印刷品或画册等在家中欣赏。妈妈可以让爸爸将购买到的大幅名画印刷品挂在居室中，有空闲的时候便可靠在床头静静欣赏一番，沉浸在画家美好的精神世界中。至于画册则一定要挑选质量较好的大开本精美画册，才能更好地领略到画中精髓。

2 和胎宝宝一起欣赏名画的方法

欣赏名画时妈妈需要保持平静的心态，这样才能更好地进入作品描绘的意境之中。为了更好地感受作者的创作意图，可以事先了解一下作者的生平、生活背景、绘画风格等信息，这样欣赏水平也会逐渐提高。在欣赏时要将画面上的内容"视觉化"地通过脑海传达给胎宝宝，同时可以用生动的语言为胎宝宝讲解图画中的景色、人物、色彩以及自己的体会，这样与胎宝宝交流的效果会更好。

3 临摹名画能够加深感悟

妈妈可以试着拿起画笔临摹一番，画画的过程不仅可以排遣不良情绪，舒缓压力，也能对胎宝宝进行艺术和审美的胎教。比如妈妈一边画画，一边向胎宝宝说明画的内容和自己准备用的色彩等等，可以给胎宝宝带来许多有益的刺激。这种临摹画法不必追求完美，不一定要画得像画得好，只要能够领悟到画中意境就足够了。

4 ▶ 和爸爸共同欣赏并交流心得

很多名画作品都需要反复揣摩，才能尽情品味其艺术魅力，妈妈不妨邀请爸爸共同欣赏，将自己对名画的体会和爸爸做一些交流，谈谈个人的观点，能够加深对名画的认识和理解，也能够增添家庭的艺术氛围和生活的情趣。而且爸爸妈妈之间融洽的互动，也能让胎宝宝感觉温暖和幸福。

5 ▶ 妈妈欣赏名画也要有选择

并非所有名画作品都适合作为胎教素材，有些主题比较悲伤的作品就不适合妈妈和胎宝宝欣赏，比如《伏尔加河的纤夫》等作品会使妈妈受到情感触动，产生忧伤和悲哀的感情，对胎宝宝健康成长不利；有些现代派作品如毕加索的《格尔尼卡》，形象或丑恶或怪诞或抽象难以理解，会使妈妈神志恍惚，产生失落感和迷惘情绪。所以在欣赏名画前一定要做好甄别的工作，最好欣赏描述自然风光、美好人物形象的作品，如康斯坦布尔的《干草车》、柯罗的《头戴珍珠的女郎》等，妈妈可以从中感受到自然的美好、生命的美妙、人生的美丽，由此更加热爱生活，热爱腹中的小生命。

运动胎教

瑜伽山立式

胎教效果　练习瑜伽山立式可以充分打开肩部、扩展胸部、拉伸四肢，让身体感到轻盈、精神振奋，并可消除压力，使得妈妈心神安宁，有助于抑制孕早期烦躁、焦虑情绪，为孕宝宝健康发育提供良好的环境。

运动时长　1～2分钟。每日早晚各1次。

完整动作

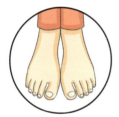

3 肩部打开略向后张，双臂自然垂落，收腹、挺胸、颈部挺直。同时调整呼吸，保持身体静止不动。

1 站立，双脚并拢，双脚脚跟和大脚趾相互触碰。感觉脚趾充分展开平放在地面上，全身的重量均匀分布在两脚的脚跟和脚趾上。

2 双腿挺直，不要弯曲，特别是膝盖有拉紧向上提的感觉。同时臀部和大腿后部的肌肉也有收紧的感觉。

贴心小提醒　妈妈初学这个动作时可将双腿略分开以减少难度，待熟练后可以保持站姿不动，同时把双臂上举伸展过头顶，坚持30秒以上时间，能够让肩部肌肉更加充分的伸展。

瑜伽蛙式

胎教效果 ▶ 伸展孕妈妈臀部和大腿内侧肌肉，增强腿部力量。同时，可以促进胎宝宝大脑及肌肉的健康发育。

运动次数 ▶ 3～5次

辅助用具 ▶ 瑜伽垫

完整动作

1 屈膝跪坐，脚跟分离，两脚趾微微接触。臀部后坐于两脚内侧。手搭双膝。

2 双手膝前撑垫，双膝分开至恰当舒适的宽度，臀部落在脚跟上。

3 吸气，上身挺直，双臂上举，与地面垂直。

4 呼气，双臂向前伸直，胸部贴垫。

5 保持这个姿势，以感觉舒适为限度，同时进行胜利式呼吸。

贴心小提醒 ▶ 孕妈妈可自行调整双膝距离。如果大腿内侧肌肉伸展过于剧烈，双膝之间的距离可以稍微缩短，如果感觉不到舒展的效果，双膝可以分开宽些。

瑜伽睡雷式

胎教效果 练习这个姿势可以伸展腹部及下肢肌肉，有助于改善怀孕后腰腿酸痛等症状，对于妈妈便秘、消化不良问题也可有一定程度的改善。

运动次数 3～5次

辅助用具 瑜伽垫

完整动作

1 跪坐在瑜伽垫上，两只膝盖并拢，双脚分开，让臀部坐在两脚之间的地面上。手掌自然撑放在身体两侧的地面上。

2 呼气，同时上身慢慢向后方仰，用手肘支撑住身体，直到胸部与地面平行。

3 继续后仰，头部触及瑜伽垫，手肘依次平放，在身体两侧伸直。同时下半身不动，呈现出半躺的姿势，保持5～8秒。

4 屈肘支撑起身体，抬头挺背，恢复跪坐的姿势。再重复进行。

贴心小提醒　这个姿势相对难度较高，妈妈不必苛求动作的标准，可以循序渐进地练习，在身体允许的情况下，能完成多少就完成多少。如果感觉做某个动作有困难，就不要勉强去做，以免拉伤肌肉或者引起其他不适。

胎教音乐

《梦幻曲》

胎教效果

选自德国作曲家舒曼的《儿时情景》组曲，乐曲节奏缓慢平和，旋律隽永而富有诗意，妈妈沉浸在梦幻般美好的意境中，既可陶冶情操，又能安抚心灵，缓解抑郁和压力，为胎宝宝生长发育提供良好的环境。

贴心小提醒

妈妈可以单独欣赏这首乐曲，也可以将其作为冥想胎教的背景音乐。在想象中，可以回顾往昔童年时光的天真和快乐，也可以想象胎宝宝可爱的模样，在柔美如歌的旋律中，期盼已久的小宝宝仿佛正在走来。

《花之圆舞曲》

胎教效果

这首乐曲是俄罗斯作曲家柴可夫斯基创作的《胡桃夹子》组曲中的著名圆舞曲，乐声优美华丽，节奏明快，充满了快乐和热情，很适合情绪低落、忧郁烦闷的妈妈倾听，能够改善情绪，缓解早孕反应带来的不适。

贴心小提醒

这首乐曲中部旋律壮丽辉煌，播放时音量宜轻一些，以免刺激妈妈听觉引起不适，同时也要避免对胎宝宝听觉发育造成不利影响。

胎教故事

《井底之蛙》

【胎教效果】

　　这个寓言故事出自《庄子》，妈妈可以在读故事后把其中的道理讲给胎宝宝听，告诉宝宝不要做青蛙一样目光短浅、见识狭窄的人，这样能够起到潜移默化的影响，对宝宝的智力发育和性格养成是有好处的。

【故事正文】

　　很久以前，在树林里有一口被废弃的深井。井下面住着一只青蛙，已经住了很长时间了，他都忘记外面的世界是什么样子了。每天，青蛙盯着自己头顶上那一块小小的天空，认为天就是这么大的，他对自己的生活非常满意。

　　这一天，青蛙看到一只大海龟从井边慢悠悠地爬过去，就大声喊："朋友，你好！"

　　海龟停住了，青蛙又喊："朋友，来我家做客吧。我家很宽敞，可以在水里游泳，还能踩泥巴，别提多舒服了！"

　　海龟懒洋洋地低头向下望去，只见黑黝黝的井底有一摊浑浊的泥水，从里面传来一阵扑鼻的臭气。海龟摇摇头说："这么小的地方啊，我可不想下去。"

　　青蛙不服气了，呱呱地大叫起来。

　　海龟说："我刚从东海游玩回来。那里的海水无边无际，用千里都不能形容它的辽阔，用万丈都不能形容它的深远。古时候发生了连年水灾，可没见海水增多过；后来又发生了连年的旱灾，也没见海水减少过。那里生活着数之不尽的鱼类、虾类，生活在那样广阔的地方，才是真的快乐呢！"

　　青蛙听完了海龟的话，完全惊呆了。他一句话都说不出来，只觉得自己是那么的渺小。

　　在给宝宝讲故事的时候可以配合绘本或图画，一边讲一边指着图片告诉宝宝"这是青蛙，它的样子是……"，胎教效果会更好。

胎教名画

《三月》

胎教效果

　　俄罗斯风景画画家列维坦的名作《三月》是一幅描绘冰雪消融、春回大地，原野充满生机的油画作品。妈妈欣赏这幅名画，能够感受到作品传达出的对大自然美景的歌颂和对生活的热爱，能够使妈妈心情开朗舒畅，也能让胎宝宝受到艺术熏陶和情感启发。

贴心小提醒

　　在欣赏这幅名画的时候，妈妈可以用生动形象的语言将整幅美景详细地描述给胎宝宝听，如画面中的色彩运用：绿色的树木和白色的冰雪、黄褐色的土地等等，再给宝宝讲　讲自己的体会和感受，能够取得更好的胎教效果。

胎教诗歌

《咏鹅》

胎教效果
　　这是唐代诗人骆宾王七岁时的作品，语言清新欢快，咏鹅自然传神，韵律朗朗上口有助于胎宝宝视觉、听觉能力的发育，对于出生后审美能力、语言学习能力的发展也有帮助。

诗歌原文
　　鹅，鹅，鹅，曲项向天歌。
　　白毛浮绿水，红掌拨清波。

贴心小提醒
　　在胎教时宜配合鹅的实物图或卡片，对照实物给胎宝宝讲解《咏鹅》中描绘的鹅的形象，并且可以给胎宝宝讲讲骆宾王的故事，对胎宝宝寄予美好的期待，希望宝宝也能像骆宾王这样聪明。

《春晓》

胎教效果
　　唐代孟浩然的《春晓》用口语化清新活泼的语言来描写春天景物，读来琅琅上口，会让妈妈获得轻松、愉快的好心情，也能刺激胎宝宝的听觉系统和大脑神经系统，培养对诗歌的兴趣和对自然风光的热爱。

诗歌原文
　　春眠不觉晓，处处闻啼鸟。
　　夜来风雨声，花落知多少。

贴心小提醒
　　在朗读这首古诗的时候，妈妈可以同时配合播放《鸟店》等音乐，在轻松活泼的乐声中让自己的心情充分放松。同时，妈妈可以在脑海中想象这样的画面"一场春雨过后，清晨绿意浓浓、落红片片，空气是那么的新鲜，景色是那么的秀美"。

胎教儿歌

《小兔子乖乖》

胎教效果

这首儿歌歌词浅显易懂，会让妈妈回忆起自己美好的童年时光，也能让胎宝宝感受到妈妈的轻松和快乐。歌词中重复和叠韵的运用能够不断刺激胎宝宝的听神经系统，让胎宝宝加深印象。

经典唱词

小兔子乖乖，把门儿开开，
快点儿开开，我要进来。

不开不开，我不开，
妈妈没回来，谁来也不开。

小兔子乖乖，把门儿开开，
快点儿开开，我要进来。

就开就开，我就开，
妈妈回来了，我就把门开。

贴心小提醒

这首童谣既是故事也是歌曲，妈妈可以在讲故事的过程中，唱这首歌。如果和爸爸一起分角色对唱（爸爸扮演大灰狼，妈妈扮演小兔子），会使胎教更加富有乐趣。

本月贴士

孕期
用药

孕期服药不可盲目，一定要注意安全性，因为药物可以通过胎盘和妈妈的身体变化对胎宝宝发生直接或间接的影响。特别是在孕早期，胚胎器官发育尚不稳定，药物影响可能引起流产或发育畸形，因此用药要特别小心，不要随便服用非处方药。一定要在医生指导下谨慎用药，并注意仔细阅读药品说明书，选取经过临床观察对胎儿未见损害的药物。不仅如此，非必要的滋补品、保健品也最好停止使用。

怀孕满3个月以后，胚胎发育基本稳定，致畸可能性减小了，但也不能掉以轻心。还是应该注意防范一些影响胎宝宝正常发育的药物，如抗癌药物、抗生素类药物、镇静剂、解热镇痛类药物、性激素等。同样，一些明令禁止使用的中药、中成药如麝香、大活络丹等也要避免使用。

不过，妈妈也需要注意，并非怀孕后就绝对不能服用药物了。比如孕早期适量需要补充叶酸就是有好处的，有助于预防胎儿神经系统畸形，并可预防孕妈妈贫血。此外，如果病情严重，确实需要通过服用药物缓解和治疗，这时就应当遵医嘱权衡利弊，合理用药，应选择对胚胎、胎儿危害小的药物，并按照最小有效剂量、最短有效疗程的原则来使用，避免盲目大剂量、长时间使用，避免联合用药，以将危害降至最低的程度。

Chapter 5

孕4月
胎宝宝大脑
迅速发育期

妈妈和胎宝宝有什么变化

1 孕4月胎宝宝的生长和发育情况

从怀孕第4个月开始，胎宝宝进入了稳定成长期。怀孕15周后期，胎宝宝已完全具备人的外形，皮肤开始长出胎毛，骨骼和肌肉日渐发达，手、足能做些微小活动，但还不是很明显，内脏发育大致已经完成，生殖器官清晰可见。满16周时，胎宝宝的身长大小大约相当于准妈妈的一只手掌，并且还学会了打嗝，这是胎宝宝在开始练习呼吸了。这时胎盘也已经发育完全，妈妈和胎宝宝之间的联系更加紧密，流产的可能性减小。

2 孕4月妈妈的身体变化情况

本月恼人的早孕反应开始慢慢减轻，妈妈的心情会逐渐开朗，也会觉得身体状况、体能状况都有明显的好转，疲劳、恶心、尿频都会有所缓解，但也要开始面临一些新的问题了。

阴道分泌物增多

由于雌激素水平升高以及喷枪、阴道充血，会导致阴道和宫颈分泌物比之前增多。为了避免病菌感染，准妈妈最好坚持每天应该淋浴，并且要勤换内衣裤。

体重增加

随着胎宝宝和胎盘的成长以及子宫内羊水等的增加，妈妈的体重会逐渐上升。同时，妈妈的食欲逐渐变好，对营养的摄入也会大大增加，也会使妈妈体重有所增加。为了预防孕期高血压、糖尿病等，妈妈要开始注意控制体重了。

子宫变大

增大的子宫开始上升高出骨盆，使得腹部略有膨起，开始呈现出怀孕的体态，妈妈可以事先准备一些比较宽松、透气的内衣和宽松的孕妇外套，使穿着更为舒适。

贫血

这个阶段胎宝宝的发育非常迅速，需要从妈妈体内摄取大量的铁，如果妈妈本来就有贫血的问题，就很容易引起缺铁性贫血，造成妈妈血细胞携氧能力降低，引起头晕、脸色苍白等，并且还会引发胎宝宝宫内缺氧，影响宝宝器官和智力发育，严重时还可诱发流产。所以妈妈一定要注意预防，平时要多吃些含铁丰富的食物，并多用铁锅炒菜。

 ## 不良胎梦是"胎教"的障碍

孕期妈妈常常会做一些比较奇怪的梦，因为梦的内容常常和胎宝宝的性别和健康联系在一起而被称为"胎梦"。不仅妈妈会做"胎梦"，爸爸和其他亲近的家人有时也会做"胎梦"。做了不好的"胎梦"，妈妈难免过度担心，导致心神不宁、情绪不佳，不仅影响自身健康，还会让胎宝宝受到影响而变得不安，影响宝宝正常的生长发育。

其实，"胎梦"的说法并不科学，妈妈更不应当受到不良胎梦的影响。

1 "胎梦"是愿望的表达

"胎梦"的说法并不科学，妈妈更不应当受到不良胎梦的影响。

人们常说"日有所思，夜有所梦"。对于某项事物投注的期待和情感过于强烈，现实中就可能不由自主地会在梦境中反映出来，表现为自己的愿望实现或者破灭。所以对胎宝宝怀着美好憧憬的妈妈做与宝宝性别、健康等有关的梦就很正常了，但并不意味着梦境有什么特别的意义，妈妈完全不必将梦的内容看得过于神秘，更不要试图用迷信的观点去解释梦。

2　"胎梦"是现实压力的反映

妈妈在孕期常常会有这样或那样的心理负担和压力，如担心胎宝宝是男孩还是女孩，担心胎宝宝是否健康，会不会有智力发育异常或畸形等，有的妈妈还会担心怀孕后身材是否会严重变形，分娩时能否顺利等等。各种各样的精神压力，都使妈妈多思多愁，容易引起失眠、多梦甚至频频做噩梦，这种情况通过合理的心理调适会有所缓解。

3　怀孕后生理改变引起"胎梦"

怀孕后体内激素分泌水平会出现变化，而且妈妈身体逐渐变得笨重不适，再加上尿频等问题的存在，会使妈妈无法像孕前那样安睡，睡眠质量变差，很多时候都是处于浅睡眠的状态，虽然身体在休息，大脑皮层却是异常活跃，做梦的概率会增高，梦的内容更是丰富多彩，有时还会将妈妈惊醒。

4　消除不良胎梦的影响

对于孕期做梦应当科学看待，保持平和、乐观的心态，不要执着于某个不良的"胎梦"内容，而应当以现实的产前检查结果指导生活起居、保养和胎教，坦然度过孕期。

（1）注意休息，改善睡眠质量。妈妈可以通过调整饮食、合理运动，以及用音乐缓解压力等方法来改善睡眠，使每天睡眠的时间能够保持在8～9个小时，如果身体觉得疲劳，白天也要安排至少1个小时的休息时间。充足的睡眠可以让大脑皮层得到放松和休息，有助于减少多梦和噩梦的情况。

（2）及时倾诉不良"胎梦"。做了让人心烦的噩梦不要闷在心里担忧发愁，而应当及时和爸爸及其他亲人交流倾诉。在家人的关怀和开导下，妈妈的不安和烦恼能够得到缓解。此外，如果经常出现多梦、噩梦、惊醒，妈妈也可以找医生咨询或治疗，使身心处于健康状态，也有助于胎宝宝的健康成长。

（3）避免对感官造成强烈刺激。怀孕后应尽量少看恐怖、惊悚、刺激的影视作品，也不要从事引起强烈兴奋的竞技类的娱乐活动，以免感官受到强烈刺激发生应激反应，不仅影响睡眠，还会表现在梦境中，成了"不良胎梦"的源头。所以妈妈的娱乐活动应以缓和、安宁为准则，这样也能够给予胎宝宝脑部比较温和的良性刺激。

开始给胎宝宝布置婴儿房

　　婴儿房是宝贝出生后将要生活的地方，对宝贝未来的成长是非常重要的。随着妈妈早孕反应的逐渐结束，爸爸妈妈也可以开始着手布置婴儿房了，在每一点小细节的设计都凝聚着对胎宝宝的关爱，胎宝宝感受到父母浓浓的爱意，能够增进亲子感情。不仅如此，布置婴儿房也能唤起妈妈心中对美好生活的热爱，从而起到调整心情、消除烦闷的效果，也能将良好的心境传递给胎宝宝，达到间接胎教的目的。

　　不过，婴儿房的布置是有学问的，不能随意安排，否则会对宝宝的健康成长不利。

1 颜色的搭配

不要将所有墙壁涂成单一的颜色，会引起宝宝视觉疲劳，最好能够用宝宝喜欢的粉红、浅蓝、柠檬黄、草绿色等明亮活泼的色调构成的色彩斑斓的壁画、壁纸来装饰婴儿房的一面墙壁，这样做的好处是可以经常变换装饰画，能够让胎宝宝感受不同的色彩。妈妈如果身体允许的话，也可以手绘一些彩色的图案来装饰房间，不仅能够调节心情，还能对胎宝宝进行美术胎教，可谓一举多得。

2 家具的选用和摆放

家具的选择和摆放要考虑到安全性和实用性两方面，比如床的选择宜选择两边有围栏的婴儿床，防止宝宝在熟睡时跌落，而且最好挑选能拆装重组的婴儿床，这样宝宝逐渐长大，婴儿床还能拼接成幼儿床，经济实用。而床的摆放则要尽量远离窗户，以免好奇的宝宝爬上窗台出现意外。至于其他的家具同样需要爸爸妈妈细心去思考才能安排合适。不过需要提醒的是，婴儿房的家具不能摆放过多过密，这样会影响室内空气，而且也无法给宝宝足够的活动空间。

3 装修时注意绿色环保

爸爸妈妈都会注意选择绿色环保的建材和饰材，不过多种材料集合在一起，有害物质的释放难免还会超标，房间空气受到污染，对宝宝健康极为不利，可引起气管炎、哮喘等症。所以婴儿房的装修最好尽早进行，这样就能留下充足的时间（至少3个月）开窗通气，好让宝宝能够安全入住。

4 玩具的选择

很多爸爸妈妈会在婴儿房中摆放一些玩具，以促进宝宝视觉、听觉、认知能力的发育。比如一些色彩丰富的旋转玩具可以吊在婴儿床上方，吸引宝宝的视线，增强宝宝对色彩的敏感度。另外一些易于清洗的布质玩具也很适合放置在婴儿房。不过，毛绒玩具可能让宝宝吸入脱落的绒毛，声音太大的玩具可能会损伤宝宝的听力，颜色过于鲜艳的玩具表层涂料会脱落引起宝宝铅中毒，都不适合摆放在婴儿房。

5 房间照明设计

合适且充足的照明，能让房间暖和、有安全感，有助于消除宝宝独处时的惧怕感。但是不宜在床头上安装灯具，以免灯光直射伤害宝宝还非常脆弱的眼睛。室内照明用的灯具应避免安装在宝宝头部的正上方，而且要远离宝宝能摸到的地方，电源插座也要安在隐蔽的位置。

爸爸妈妈一起自制胎教卡片

妈妈可以通过胎教卡片将形象的图画、色彩、形状等传递给胎宝宝，为胎宝宝认知、语言、文字、数字等的学习打好基础。这种卡片爸爸妈妈可以一起来动手制作，既能丰富孕期生活，也能融洽夫妻关系，让家庭环境更加温馨，对胎宝宝的成长发育也是有帮助的。

1. 胎教卡片内容的安排

可以根据需要多做几套卡片，每一套卡片有一个明确的主题，即数字卡片、字母卡片、水果卡片等等。卡片上的图片要色彩鲜艳醒目，这样可以让妈妈在胎教时注意力更加集中。图片可以自己用水彩笔在白纸上绘制，也可以从网络等途径搜集并打印下来。

2. 制作步骤

（1）选择合适的纸张。可以用白纸，或彩色卡纸，也可以用质地稍硬的纸板。先裁成正方形的卡片，大小可随自己需要。

（2）绘制图片。用水彩笔在裁好的卡片上写上数字、文字，画上图形。注意不要将卡片涂画得太满，四边要适当留白，以方便用手拿着进行胎教。

（3）分类保存。做好的卡片要按照顺序分类摆放，比如数字卡片可按照从1～10的顺序整齐地放好，并最好另做一张封面卡片放在最上方，一起装进塑料袋中，这样使用的时候就不会乱。

3. 使用方法

（1）循序渐进，不要贪多。不要一口气把准备好的卡片都快速教一遍，这样做无法对胎宝宝形成强化刺激，胎教效果可想而知。可以事先定好目标，每天只教4个数字或3个字母，但一定要教得足够清楚，并反复重复。然后第二天还要记得巩固复习之前教过的，如此循序渐进地进行胎教，并注意坚持，不要三天打鱼两天晒网，才能达到胎教的目的。

（2）将实物与卡片进行对照。如果总是用生硬的语言对胎宝宝说卡片上"是什么"，对于宝宝来说肯定是非常枯燥的。所以爸爸妈妈要注意对照实物，比如在教授数字的时候，就可以告诉宝宝"1像一根铅笔，又细又直；2像一只小鸭子，有弯曲的脖子……"，通过这类视觉化的语言，也可以让妈妈脑海中的图像变得更有立体感，再通过妈妈传递给宝宝，对宝宝认知能力的提高是有促进作用的。

（3）胎教时投入感情。妈妈需要投入真挚的感情，充满耐心，让自己的感觉和思考内容与宝宝更好地"联系"起来，才能传递更多卡片上的内容让宝宝学习。在胎教之前妈妈应注意调整心情，如果觉得心绪烦乱，则不适合开始胎教，应等到心情平静时才能开始，胎教时要注意集中精神，切忌急躁。

本月甜蜜性生活，能让胎宝宝性格好

怀孕4个月后，胎宝宝发育已经比较稳定，妈妈可以开始进行适度的性生活。有助于妈妈放松心情，将幸福和愉悦的情绪作为思维信息传递给胎宝宝，而且性爱过程中激素的分泌等，对胎宝宝也是一种良性的刺激，不仅如此，夫妻双方充满爱意的语言表白也能成为很好的听觉和感性胎教，对胎宝宝脑神经、听神经发育及良好性格的养成都是有好处的。

1 满足自然的生理需要

怀孕前3个月因胚胎发育还不稳定，容易造成流产，因此性生活是需要禁止的，而孕中期则可以适当进行。不过很多妈妈因为害怕伤害到胎宝宝，也因为体型改变担心自己不再有吸引力等原因而压抑自己的性需要，这样其实大可不必。在胎盘和羊水的保护下，胎宝宝是不会受到伤害的。而且随着激素的旺盛分泌，早孕反应的结束，妈妈身体状态恢复正常，性欲也会增强，适度性生活能够满足自然的生理需要，而且更能享受愉悦和快感。

2 注意孕期安全

孕期性生活要注意节制，以每周1～2次为宜，避免引起身体疲劳。而且要选择避免压迫妈妈腹部的体位，爸爸的动作幅度不要太大，过程中不要频繁变换体位。同时要注意性生活过程中如果妈妈有腹部疼痛、痉挛、眩晕等不适的感觉，就要立即停止。此外，有多次流产或早产史的妈妈应注意尽量减少性生活，以免发生危险。

3 做好个人卫生

孕期阴道分泌物增多，对细菌抵抗力降低，为避免感染，在性生活前后夫妻双方都一定要做好个人卫生，应当用温水仔细清洗生殖器，并注意洗干净双手。特别是爸爸尤其要注意冲洗干净包皮、龟头，避免妈妈受到病原体侵袭诱发宫内感染，对胎宝宝造成威胁。

十字绣，培养胎宝宝的专注力

十字绣是一种很好的胎教工具，操作简单，妈妈可以轻松学会。在专心刺绣的过程中，妈妈心情平静，注意力高度集中，通过思维信息传递给宝宝，有助于胎宝宝专注力的培养。而且，运针刺绣还能够锻炼手指神经，对脑部产生刺激，并传递给胎宝宝，对宝宝大脑发育产生良性作用。

1. 十字绣的工具

可以到专门的店铺购买十字绣工具套装，包括十字绣的图纸，以及配套的绣线、绣针、十字绣布等。图纸可以根据自己的喜好选择，一般有风景、人物、动物、卡通图画等多种。妈妈初学最好选择比较容易绣的图案，比较容易坚持下去。

在图纸上已经用不同的颜色标出了不同的小方格区块，并标明了绣线和类别和线号。绣布是网格状的，有多种颜色。绣针比较特殊，是钝头的，针眼比寻常的缝衣针大很多。除此以外，妈妈可以根据自己的需要准备十字绣架、剪刀等工具。

2. 绣十字绣的简单方法

首先认真地看一下所买的十字绣图纸，熟悉一下图案布局，并熟记颜色和色线符号对照表。

然后在空白的绣布中央开始下针，对照图纸上的颜色分区，找到对应的绣线，像缝纽扣一样在绣布的网格中绣一个"X"样的十字，然后一个网格一个网格绣下去，保持所有"X"的走向一致。绣完一种颜色再绣另一种颜色。

3. 注意事项

在绣十字绣时，妈妈可以同时和胎宝宝聊天，告诉宝宝正在绣的内容，有哪些颜色，通过这种方式可以对宝宝进行色彩辨识和审美能力的胎教。另外，妈妈还可以播放一些节奏舒缓，旋律动听的轻音乐或胎教故事，对胎宝宝进行辅助胎教。

需要注意的是，绣十字绣需要低头集中注意力看图纸和绣布，如果时间太长，就会引起颈背酸痛、视觉疲劳、头晕头疼等，所以妈妈要注意控制时间，一般每次绣10~20分钟即可，结束后还要注意活动身体。绣的过程中也要注意坐姿，最好能在腰后垫上厚的垫子。

爸爸妈妈下棋，促进宝宝大脑发育

下棋能够陶冶情操，丰富孕期生活，有助于改善心情。而且和爸爸一起下棋对弈，需要在头脑中纵观全局，思考棋路，还要预想和防范爸爸出招，可谓是一种很好的思维锻炼，能让妈妈思维更加敏捷，分析能力、判断能力、专注力等都有所提高，对战胜利后还能获得一种满足感和成就感，胎宝宝也能够接收到妈妈的信心，获得智慧和快乐的胎教。

棋的种类繁多，有围棋、中国象棋、国际象棋、军棋、跳棋、五子棋等，妈妈可以选择自己喜欢的一种或几种和爸爸一起对弈。

需要提醒的是，下棋不要过于注重输赢，要做到胜不骄、败不馁，保持心态平和，切勿赢棋后大笑大叫，输棋后心情沮丧、耿耿于怀，不仅对妈妈自己的身心健康无益，也会影响胎教，对宝宝将来的性格培养产生负面作用。

另外，由于下棋时需要耗费精力动脑思考，所以不宜长时间下棋，否则大脑皮层长时间处于紧张状态，会影响正常的睡眠。而且久坐下棋也会导致下肢静脉血液回流不畅，引起腰酸背痛、腿部抽筋等等，所以妈妈应注意把握时间，下棋应适可而止。

本月要多跟胎宝宝聊天

怀孕第4个月，胎宝宝对外界的声音已经比较敏感，听力正在发育，在这个时期爸爸妈妈多和胎宝宝"聊天"，用宝宝熟悉的声波不断进行刺激，将父母的情绪、思想、语言传递给宝宝，有助于宝宝的身心发育，也能为出生后培养语言能力、提高智力打好基础。

1. 和胎宝宝聊天的内容

　　既可以是日常生活的即兴对话，也可以为胎宝宝讲故事、读文学作品，只要是爸爸妈妈觉得对宝宝有益的内容，都可以讲给宝宝听。但一定要注意语言要简单好懂，并富有爱心和童趣，让胎宝宝能够感受到爸爸妈妈的爱。比如早上起床时，可以对宝宝说："太阳出来了，宝宝你睡醒了吗？早上好，妈妈爱你！"出门时可以对宝宝说："我们要去散步了，宝宝你准备好了吗？"外出遇到新鲜有趣的事情也可以用生动的语言详细地讲给宝宝听，如看到的车辆、行人、小动物等，让宝宝时刻感受到父母的陪伴。

2. 注意重复和强化

　　为了取得较好的胎教效果，在和胎宝宝"对话"时，可以每次在开头和结尾用相同的话语，如每次聊天开头对宝宝说："宝宝你好，我是妈妈！"结尾则说："宝宝，我爱你！"经常重复、强化，以此来加深胎宝宝对这些语句的印象，虽然宝宝听不懂，却能够对爸爸妈妈的声音形成最初的记忆，也有助于宝宝的情感发育。

3. 注意音量和语速

　　和宝宝"聊天"时，语调要温和，声音要足够清楚，速度要缓慢，可以加入适当的停顿，并带上丰富的感情，将发自内心的爱传递给宝宝，让宝宝感觉到幸福、宁静、安全。注意声音不要过高、尖锐，以免刺激宝宝的听觉。

4. 要坚持进行

　　从表面上看，和胎宝宝的对话好像是单方面进行的，似乎得不到宝宝的回应，有时父母难免会缺乏耐心，甚至会觉得麻烦而产生抵触情绪，以致三天打鱼两天晒网，这样胎教的效果几乎为零。和胎宝宝聊天一定要持之以恒，就算时间有限，每天也要抽出10分钟左右的时间对胎宝宝说话，由此产生的无形的胎教效果将使宝宝终身受益。

本月可以适当加大运动量

进入孕4月，流产的危险大大减少，可以适当加大运动量，从事一些对妈妈和胎宝宝有益的运动，但要注意避免进行打网球、跳劲舞、快速跑等剧烈的活动。

1 **外出行走**

到户外呼吸新鲜空气、晒太阳能够提高妈妈身体的抵抗力，预防疾病，促进胎宝宝发育。本月妈妈散步的时间可以适当延长，还可以在爸爸或其他亲友的陪伴下，短时间地逛街购物。适量行走也能够锻炼下肢肌肉、预防静脉曲张。但是长时间的外出旅行则要慎重，去外地或国外旅游首先要考虑到妈妈的身体能否适应气候、水质等的变化，所以最好先听取医生的意见再安排行程。

2 **家务劳动、轻体力工作**

身体没有明显不适的妈妈可以做些轻体力家务劳动，像扫地、洗小件衣物、洗菜洗碗等，不过千万不要勉强自己，不能长时间站立，劳作15分钟后最好能稍事休息，如果已经有疲劳的感觉就要立刻停下，而且一定不要做用力扛、拖重物，或者做向上拉伸、向下弯腰的动作，以免造成危险。

3 **体操部分动作**

做体操可以预防和缓解孕期中的腰腿疼痛，还能有效地控制体重的增加，但是需要弯腰、扭腰、拉伸腹部的和跳跃的动作都不宜做，同时要注意控制动作的幅度和运动的时间，以运动后微微出汗，呼吸正常的程度为最好。

4 **游泳**

游泳是全身性的有氧运动，比较适合在怀孕第15周后遵医嘱进行，可以有效减轻关节负荷，促进血液流通，对胎宝宝神经系统的发育也有积极作用。妈妈可以选择水质条件好、人少的游泳场地进行锻炼，而且一定要注意安全，务必在家人、朋友的陪同下前往。

5 **瑜伽**

本月可以继续做瑜伽锻炼，能够改善体质，舒缓压力。不过最好在专业人士的指导下，根据妈妈的身体情况选择比较适合的姿势，主要进行一些运动幅度小的增强身体力量和提高肌肉柔韧性、张力的锻炼。如果自学瑜伽，要注意不必强求每一个动作都做到位，以免对身体造成伤害。

6 ▶ 注意事项

◎ 运动环境

户外运动尽可能选择花草茂盛、空气清新、人流量小的地方，保证环境安静、舒适、清洁，不要在炎热和潮湿的环境中运动。室内运动要确保空气的流通。

◎ 运动准备

选择宽松舒适、腹部无紧绷感的运动衣裤，合脚的防滑软底运动鞋、运动棉袜；在运动前稍微喝点水，但不宜吃的过饱；做一些简单的准备动作后再开始运动。

◎ 注意运动量

运动时间不宜过长，应依妈妈的身体条件安排次数和时间，运动过程中可以稍作休息，以避免运动量过大。另外，如果运动时感觉腹痛、呼吸困难、疲劳、眩晕、心悸、后背或骨盆痛等，应马上停止锻炼，并注意观察身体变化，如果半小时后症状仍没有缓解或出现加重，甚至有阴道出血等情况，则应立即就医诊治。

◎ 不适合加大运动量的妈妈

孕中期体重增长过快，体态变得笨拙，活动不易的妈妈应遵医嘱选择运动方式。另外，有先兆流产、阴道出血等问题的妈妈，可能仍需要卧床静养，也是不适宜做运动训练的。

练练书法，让妈妈和胎宝宝都平心静气

书法艺术能够陶冶心情、提高个人修养，可使妈妈心平气和，精神愉快轻松，减少紧张和焦虑，也能给腹中胎宝宝提供一个稳定、安宁的生长环境，而且宝宝也能感受艺术气息，能够为将来审美能力的培养打下基础。

1　准备好练习书法的工具

练习写毛笔字需要准备笔、墨、纸、砚，即人们常说的"文房四宝"。有条件的话可以准备镇纸、笔架、垫布等。练习钢笔字则要准备好钢笔、墨水和纸张等。因为妈妈一般不以参加书法比赛为目的，重在胎教，所以对书法工具的要求不必太高，根据经济条件在文具店选择价位普通的即可。

另外，初学书法的妈妈还要准备字帖用以临摹，可以选择比较简单的楷体字帖，熟练后再临摹行书、草书等别的字体。

2　书法练习的基本方法

（1）熟悉字帖。在练习前，应当先仔细地读字帖，揣摩每一个笔画的走势、字体结构的安排，并从中找出规律。这个过程也能够增强对书法艺术神韵的领悟，对腹中胎宝宝也能起到很好的艺术熏陶的作用。

（2）临摹字帖。可以将一张薄而透明的纸张覆在字帖上进行摹写练习，能够掌握字的结构。待熟悉后再对着字帖进行临写练习，尽量体现出字帖上的字形、笔画轻重，领会书法的技法和内在神韵。

（3）脱离字帖。就是不看字帖，将学习过的各种技法在头脑中重现，以起到胎教的效果，然后按照自己的体会试着默写出来，然后再将字帖打开与之对照，发现自己的不足并改正，从而不断提高。

3　注意事项

要注意正确的练习姿势，应坐直身体，上身放松，头部保持端正，胸口与书桌保持一拳的距离，不可紧挨桌子，会妨碍呼吸，也会压迫腹部影响胎宝宝的健康。而且身体不要过于僵硬，应以自然舒适为原则，以免引起腰背酸痛，反而对健康不利。

另外，练习书法的时间不宜过长，因为低头直视笔端，时间太长会引起肩颈疼痛不适，视力也会受到影响，而且久坐也不利于血液流通，所以每次练习20～30分钟即可，结束后要适当活动身体。

爸爸妈妈一起拼贴画

把生活中偶然得到的各种碎片材料，粘贴在纸上或画布上做成美丽的形状，这就是拼贴画了。爸爸和妈妈可以一起动手做一做，这项活动趣味十足，能够让夫妻关系更加融洽，也能提高想象力和审美能力，对腹中胎宝宝也产生了艺术熏陶的效果。

1. 拼贴画的材料

可以是多种多样的，碎纸片、树叶、羽毛、布片、贝壳、珠子，甚至蛋壳碎片、麦秆、废雪糕棒都可以用来拼贴，注意创作前要将这些材料处理干净。

2. 拼贴画的做法

在创作时先要拟好一个主题，然后选择要用的材料，注意比较各种材料的色泽、纹理、质感等特性，进行构思，再将材料撕剪成自己需要的大小和形状，最后在画纸上排列粘贴好。

以树叶拼贴画为例，在创作过程中要始终注意与胎宝宝的交流互动，以达到胎教的目的：

（1）采集各种形状的树叶，也可以用收集到的秋天的落叶，颜色更加美观。

（2）准备好剪刀、胶水、水彩笔、画纸。

（3）观察树叶的形状，告诉胎宝宝这些叶子看上去像什么。

（4）剪拼树叶，比如想做一只小鸟的形状，先剪出鸟的身子，贴在白纸上。问问宝宝"这只小鸟还缺少什么呢？""对了，缺少小鸟的爪子。"然后再找出合适的树叶剪出爪子的形状粘贴好。

（5）用水彩笔给小鸟画上眼睛和嘴巴，在羽毛的部分可以涂上多种漂亮的颜色。

（6）最后拿起做好的拼贴画，问问宝宝做得像不像小鸟，哪些地方做得好，哪些地方做得不好等等。

运动胎教

金刚坐

胎教效果 ▶ 这个姿势要求身体如金刚一样坚强不动。练习时腿部、背部、颈部肌肉都能得到伸展，妈妈会感觉精神振奋，而且还能缓解孕期腰背酸痛等症，心情也会变得放松、舒畅，能够为胎宝宝提供良好的生长环境。

运动时长 ▶ 3～5分钟

辅助用具 ▶ 瑜伽垫

完整动作

3 下颌微收，保持姿势一段时间，注意呼吸均匀。

2 膝盖并拢，两脚大脚趾相触，脚跟向外，臀部落在两脚之间，稍悬空离开地面。

1 跪坐，臀部坐在后脚跟上，深呼吸，背部伸直，肩部放松，两臂自然下垂。

贴心小提醒 ▶ 初学时不必强求自己，有疲劳感或腿部有发麻的感觉即可停止，不必非要坚持5分钟。练习结束后现将双腿先后伸直，动作宜轻缓，然后放松全身，可以仰卧稍作休息。

蹲式瑜伽

胎教效果 这个练习能够帮助打开髋部，锻炼骨盆底肌肉的弹性和力量，为日后自然分娩做好准备。而且还能增强腿部功能，强壮膝关节，改善孕中期的腿部乏力、酸痛等症。

运动次数 3~5次

完整动作

1 靠墙站立，双脚分开，约一肩半宽，脚尖向外。双手十指交叉，掌心向内，自然下垂于体前。

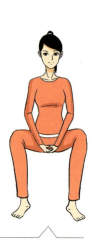

2 屈膝，慢慢下蹲，呼气，双膝向外打开，至大腿与地面平行。

3 吸气，手臂伸展上举，紧贴墙壁，保持5秒。

4 呼气，手臂慢慢放下，双膝逐渐伸展，慢慢恢复至之前的站姿。

贴心小提醒 觉得下蹲有困难的妈妈不要勉强做这个动作，也不必要求一定要做到位。练习时注意配合自然的呼吸，身体重心下降时呼气，舒展时吸气，注意不要屏息，更不能有腹部抽紧的感觉。

瑜伽太阳致敬式

胎教效果 这一系列动作可以帮助妈妈舒展全身关节、肌肉，使身体感觉充满活力。而且这套动作还有调理心情的作用，通过呼吸与运动的同步，会让妈妈感觉精神振奋，内心平和，还能将平静、安详的感觉传递给胎宝宝。

运动次数 2～3次

辅助用具 瑜伽垫

完整动作

1 站立，双脚分开，与肩等宽。双手合十放于胸前。

2 吸气，向上伸展手臂，感觉正在和胎宝宝一起接受阳光的洗礼。

3 呼气，上身向前弯，直到背部几乎与地面平行，指尖触地。

4 吸气，双手支撑地面，左腿微弓，右腿向后方尽量伸长。然后左腿也向后伸，呈现半俯卧撑的姿势。

5 吸气，抬起臀部，呼气，脚跟向下贴地，头部下探，身体呈弯曲的拱桥状。

6 吸气，右腿向前跨步，放于右手外侧，抬头，伸展脊椎向上。

7 收回左腿，呈自然下蹲状，双手合十放于胸前。

8 吸气起身，伸展手臂向上，呼气，慢慢将双手放回胸前，恢复最初的站姿。

贴心小提醒 练习这一套动作前需要先做好热身动作，防止拉伤肌肉。练习时动作宜缓慢，幅度尽量小些，只完成自己能力范围内的动作即可，有头晕、高血压等问题的妈妈可以跳过向下附身低头的动作，而且要注意一定不要挤压到腹部。

瑜伽战士式

胎教效果 能够纠正骨盆前倾的问题，并可伸展背部、胸部，有助于深度呼吸，为胎宝宝提供充足的氧气，而且还能缓解孕期腰背痛、坐骨神经痛、孕期便秘等症。

运动次数 3~5次

完整动作

1 站立，两脚并拢，双手自然下垂放于体侧，臀部收紧，保持自然的呼吸，坚持5秒。

2 右腿向前跨一大步，曲膝，左腿在后伸直，上身保持竖直不动，坚持5秒。

3 身体转向左侧，双手平举，感觉胸部有扩张感。自然呼吸，保持5秒。

4 放下双手，身体转回，面向前方，收右腿，恢复原来的站姿。略加休息，再换侧练习。

贴心小提醒 这个练习比较耗费体力，妈妈不必勉强自己完全做到位，只要感受到胸部、大腿肌肉得到伸展即可。

足部运动

胎教效果 妈妈体重逐渐增长，足部承受压力变大，容易扭伤脚踝，甚至跌倒发生危险，影响胎宝宝的安全。这个练习能够运动足尖、踝关节，促进血液循环，增强肌肉和关节的强度，而且操作简单，几乎可以随时进行。

运动次数 5～10次

辅助用具 靠背椅

完整动作

1 端坐在靠背椅上，背部挺直靠在椅背上，大腿与地面平行，脚心轻轻着地。

2 绷直右脚脚背，立起足尖，使膝盖、脚踝、脚背成一直线。

3 右脚放平，换左脚进行，同时配合均匀的呼吸。

贴心小提醒 练习的时候可以放一小段轻快的音乐，跟着音乐的节拍有节奏的左右脚交替练习，好像在跳着欢快的舞蹈，能够提升胎宝宝的听力和音乐节奏感。

胎教音乐

《田园》

胎教效果

贝多芬第六号交响曲《田园》是作曲家回忆往昔乡村生活所作，旋律朴实动人，充满了对大自然的热爱之情，欣赏时能够让妈妈的心境变得宁静而安逸，也能让腹中胎宝宝变得安定。

贴心小提醒

可以一边欣赏乐曲，一边冥想阳光下的乡村美景：溪边流水淙淙，牧人在田野中歌唱，小动物在树林中奔跑……在欣赏之后还可以和胎宝宝"聊天"，谈一谈对音乐的感悟，对胎宝宝进行审美和艺术的胎教。

胎教名画

《草地上的圣母》

胎教效果

意大利画家拉斐尔的这幅作品画面柔和优美，圣母的形象善良、慈祥，充满了母性的光芒，妈妈在欣赏时也能感受其中幸福、美好的情调和宁静、温馨的艺术氛围，并将爱与美的感觉传递给胎宝宝。

贴心小提醒

在欣赏的过程中，要注意与胎宝宝的沟通和"交流"，要告诉胎宝宝画的内容，以及画面色彩：圣母红色的上衣、蓝色的袍子、绿色的草地、黄色的土地等等，一一地向胎宝宝说明，让宝宝能够对不同的色彩有一个最初的认知。

《虢国夫人游春图》

胎教效果

　　唐代画家张萱的名作，表现了贵族夫人在春日盛装出游的画面，色彩富丽堂皇，格调轻松活泼，在欣赏时也能让妈妈感受到春天万物复苏、生机勃勃、充满活力的景象，更可放松心情，陶冶情操，也能使胎宝宝受到艺术的熏陶。

贴心小提醒

　　妈妈可以给胎宝宝讲一讲画中人物的故事，并关注作品的色彩和构思，将自己感受到的情感都用聊天的方式告诉宝宝，有助于刺激胎宝宝右脑对事物及色彩的感知能力。

胎教诗歌

《绝句》

胎教效果

　　这首杜甫的作品表现了一幅富有生机的自然美景，语言生动活泼，意境清新欢快，会给妈妈带来轻松愉快的享受。充满动态美的诗句对于胎宝宝的视觉、听觉也能产生良好的刺激。

诗歌原文

两个黄鹂鸣翠柳，一行白鹭上青天。
窗含西岭千秋雪，门泊东吴万里船。

贴心小提醒

　　这首诗非常具有画面感，每句都可以看作是一幅独立的图画，妈妈可以试着将这些图画在脑海中"画"出来让胎宝宝"欣赏"。

《梅花》

胎教效果

北宋政治家、文学家王安石的这首小诗语句朴素自然，赞美了梅花高贵的品德和顽强的生命力，能够给妈妈以信心和勇气，也能让胎宝宝感受到妈妈的心理变化，而且诗歌传达的美好意境也有助于宝宝审美能力的培养。

诗歌原文

墙角数枝梅，凌寒独自开。
遥知不是雪，为有暗香来。

贴心小提醒

在欣赏这首诗歌时，妈妈脑海中应有一幅清晰的数枝梅花在冷清的墙角默默开放的图画，雪花与梅花都是洁白，互相映衬，鼻尖仿佛已经闻到了梅的清香，这些感受都是可以通过想象和语言传递给胎宝宝的。

胎教儿歌

《拔萝卜》

胎教效果

这首脍炙人口的儿歌生动有趣，歌词简单有重复之处，便于理解。作为胎教内容，有启发宝宝智力发育的作用，而且还能告诉宝宝遇到困难可以找大家一起帮忙，对宝宝的情感发育和性格形成也是有帮助的。

儿歌原文

拔萝卜，拔萝卜。
嘿哟嘿哟，拔萝卜，嘿哟嘿哟，拔不动，
老太婆，快快来，快来帮我们拔萝卜。

拔萝卜，拔萝卜。
嘿哟嘿哟，拔萝卜，嘿哟嘿哟，拔不动，
小姑娘，快快来，快来帮我们拔萝卜。

拔萝卜，拔萝卜。
嘿哟嘿哟，拔萝卜，嘿哟嘿哟，拔不动，
小黄狗，快快来，快来帮我们拔萝卜。

拔萝卜，拔萝卜。
嘿哟嘿哟，拔萝卜，嘿哟嘿哟，拔不动。
小花猫，快快来，快来帮我们拔萝卜。

**贴心
小提醒**

念儿歌之前先要告诉胎宝宝大概是什么内容，念完后问一问胎宝宝："都有谁来帮忙拔萝卜呀？"把萝卜很难拔出，大家一起努力拔萝卜的感觉传递给宝宝。这首儿歌还可以唱出来，妈妈轻声唱给宝宝听，胎教的效果更好。

胎教故事

《春天里的对话》

【胎教效果】

这个故事用拟人的手法赋予各种花朵和春天以生动的形象，读来富有趣味性，让妈妈仿佛也置身在春光明媚、百花盛开的美景之中，而这种美好的想象对于胎宝宝的成长发育也是有好处的。

【故事正文】

春天来了，暖暖的春风吹过，小树林里小草绿了，树木发芽了，桃花、梨花、丁香花、玉兰花也张开了笑脸。

花朵们互相比较着容貌和香气，彼此都不太服气。

桃花姑娘说："我是第一个看到春姑娘的，我的脸庞还留着春姑娘吻过的粉色呢。"

梨花妹妹笑着说："你说的不对，是我第一个开花的，连春姑娘都夸我雪白的花瓣像玉一样美丽。"

玉兰花姐姐是个急性子，大声嚷嚷起来："别瞎说了，春姑娘明明是最先来到我身边的，她闻到我的香味了。"

她们的声音太大了，终于唤来了忙碌的春姑娘。春姑娘温柔地抚摸着花儿们的脸，和气地说："别争了，我来告诉你们吧。最先迎接我的是小草，你们还没开花的时候，她就冒出地面了。"

听了春姑娘的话，桃花姑娘、梨花妹妹、玉兰花姐姐都羞愧地低下了头。

【贴心小提醒】

可以找一幅百花盛开的图画，作为辅助的胎教素材，将故事中出现的桃花、梨花、玉兰花等分别从图画中找出来告诉胎宝宝，并讲一讲不同花朵们的特点，让宝宝加强印象。

《花儿选美》

【胎教效果】

这个童话故事用生动的拟人手法塑造了不同的花朵形象，可以带给妈妈美好的阅读体会，并将愉快的感受传递给胎宝宝，也能够让胎宝宝提前"感受"大自然的美。

春天到了，百花盛开，森林里举办了选美大赛，每一朵花都用心打扮起来。

玫瑰花穿上了层层叠叠的红裙子，裙摆打着褶，看上去高雅又华贵；桃花的新裙子粉嫩粉嫩的，看上去鲜艳欲滴，美丽极了；梨花则披上了白袍，清新淡雅是她的最爱……

这时候，有一种不知名的小花正躲在房间里偷偷地哭泣，她太小了，裙子的样式也很普通，一点也不起眼，在美丽的花之王国，几乎没有谁会记得她。

可是，比赛马上就要开始了，无论是哪种花，都必须上台亮相，接受大家的评判。小花着急地说："怎么办？怎么办？"与此同时，小花的姐妹们也都一样胆怯地躲在房里。

"要不，我们一起出去吧，让我们一起接受大家的嘲笑吧。"小花们商量着，最终鼓足了勇气，喊着"一、二、三"，就同时打开了房门，出现在大家的面前。

让她们意想不到的事情发生了：这千朵万朵的小花虽然每一朵都并不美，但她们聚集在一起，竟然组成了一道最靓丽的风景，充满气势的美压倒了所有争奇斗艳的花儿。

"哇，好美，好美的花儿呀！"作为评委的蝴蝶、蜜蜂、燕子、百灵鸟都惊呆了。它们一致认为小花才是这届选美比赛的冠军。

妈妈可以先搜集一些花朵的图片、照片，对照图片来讲这个故事，让胎宝宝对各种各样的花儿产生印象。当然更重要的是将故事的寓意讲给胎宝宝听，可以这样对宝宝说："宝贝，无论自己有多么平凡，只要像小花一样勇敢地展现自己，就能获得成功。"

胎教古文

《敕勒歌》

胎教效果

这是我国南北朝时期敕勒族的一首民歌，用短小的篇幅、质朴的语言描绘了一幅北国草原富饶、壮丽的画卷，具有很强的艺术感染力。品读这首民歌，能够使妈妈胸襟开阔，纾解愁绪和烦恼，也能将诗中对大自然和生活的热爱传递给胎宝宝。

古文原文

敕勒川，阴山下。天似穹庐，笼盖四野。
天苍苍，野茫茫。风吹草低见牛羊。

贴心小提醒

妈妈要注意给胎宝宝讲解什么"穹庐"（即是指蒙古人所住的毡帐，中央隆起，四周下垂，形状像天空笼罩着大地，因而称为穹庐，也就是蒙古包），并用自己的语言为宝宝清楚地描述民歌中的画面：蓝蓝的天空，绿色的草原，白色的蒙古包，风吹草低处一群群的牛羊。用清楚的颜色名词去形容，有助于宝宝对色彩形成最初的认识。

本月贴士

仔细感觉胎动

胎动，指的是胎宝宝在妈妈子宫中的活动，冲击到子宫壁的现象。胎动的次数多少、频率快慢、强弱等都可以帮助我们了解胎宝宝的健康情况。

一般来说，孕2月末就有了最初的胎动，只是因为胎动微弱，妈妈还没有办法感觉到。到了孕4月后期，比较敏感的妈妈就能偶尔感觉到腹中传来的波动了，这种波动常出现在妈妈的下腹部中央的位置。此时胎宝宝的力量还是很小的，胎动的幅度很不明显，胎动之间间隔的时间也比较长。胎动的感觉很像是蝴蝶轻轻扇动翅膀，或是小鱼在吐泡泡，所以很容易被妈妈忽略。随着胎宝宝的快速成长，到了孕5月中后期，妈妈就会感觉到胎宝宝变得越来越有劲，胎动的感觉也越来越有规律了。

妈妈可以试着感受一下胎动，不过，如果胎动没有如期出现，妈妈也不要过于着急，只要每月产检的结果正常，就不必为此担心。

另外，人们常有"胎动早是男孩，胎动晚是女孩"的说法，这其实是没有科学依据的，胎动的早晚只和妈妈个人体质以及胎宝宝的发育情况等相关，并不能够据此判断胎宝宝的性别。所以妈妈不用把这种说法放在心上，以免影响心情，反而对正常的胎教不利。

Chapter 6

孕5月
胎宝宝开始
"跳舞"了

妈妈和胎宝宝有什么变化

1 **孕5月胎宝宝的生长和发育情况**

怀孕第5个月，胎宝宝的发育速度继续加快，到了第20周，胎宝宝的身长约为25厘米，体重在300克左右；胎宝宝的心跳逐渐有力，胎心率每分钟可达120～160次，用听诊器可以隔着妈妈腹壁听到胎心音；胎宝宝开始长出头发和指甲，全身被胎毛覆盖，皮下脂肪也开始形成；胎宝宝的骨骼、肌肉进一步发育，而且变得越来越好动，妈妈可以感觉到比较明显的胎动了；同时胎宝宝也能听到外界较强的声音，可以开始适当安排听觉胎教了。

2 **孕5月妈妈的身体变化情况**

本月早孕反应基本已经消失，妈妈的身心状况都比较稳定、舒适，但随着胎宝宝的快速长大，妈妈身体会出现一些自然的孕期反应。

（1）子宫继续增大。宫高（从下腹耻骨联合处至子宫底间的长度）每周可升高1厘米，使得妈妈小腹的凸起越来越明显，很容易拉伤皮肤纤维而出现妊娠纹，为此准妈妈可以经常用一些没有刺激性的按摩霜按摩小腹，以减少妊娠纹的出现。

（2）腰酸背痛。随着体重的不断增加，妈妈可能会有腰酸背痛的情况，所以平时最好穿平底鞋，还可以使用束腹带或腹部防护套来减少身体的负担，入睡时为了避免压迫腹部，最好采取左右交替的侧卧位，同时为了翻身方便，妈妈最好不要睡过软的床。

（3）皮肤瘙痒。由于怀孕后体内激素的变化，妈妈可能会发生皮肤瘙痒或生皮疹，所以最好能坚持每天淋浴，勤换内衣，并注意避免吃一些刺激性食物或用一些有刺激性的洁肤、护肤产品等。

（4）小腿痉挛。许多妈妈会有夜间小腿痉挛的问题，当痉挛发生时，可用手按压整个腿肚，或一手按住膝盖，一手拉扯脚趾头，可以得到迅速缓解。

（5）眩晕。由于子宫需要更多的血液，妈妈可能偶尔会有眩晕的情况，因此不宜剧烈活动或长时间站立等，如果感到眩晕，可以将头放低或者立即平卧。

抚摸胎教，让胎宝宝更有安全感

本月可以继续做抚摸胎教，通过适当地对胎宝宝爱抚、轻拍等动作刺激，能够锻炼胎宝宝皮肤的触觉，激发宝宝活动的积极性，对宝宝大脑细胞、运动神经等的发育都有促进作用。经常进行适当的抚摸胎教，宝宝出生后翻身、抓握、爬、走等大运动发育都能有明显的提前。而且通过抚摸的方法，爸爸妈妈和胎宝宝之间也能进行简单的交流，可以让胎宝宝感受到爸爸妈妈的关怀和爱意，会更有安全感。

1 抚摸胎教的方法

除了孕3月来回、上下抚摸的方法可以继续使用外，还有以下几种方法。胎教时可以单独使用一种方法，也可以结合使用，如果结合音乐、语言等多种胎教方式，效果更佳。

触压法

用食指指腹轻轻按一下妈妈腹部，然后马上抬起，给胎宝宝触觉刺激。可间隔1分钟做1次，每次胎教不超过10次。刚开始，可能胎宝宝不会马上做出反应，但长期有规律地坚持下去，触压后胎宝宝就会出现轻轻蠕动、手脚转动等反应。

轻弹法

将手掌平贴在妈妈腹部，食指翘起压在中指上，然后食指轻而快地滑下，力度很轻地弹一下腹壁，可间隔5秒做1次，每次胎教不超过3分钟。

游戏法

在抚摸胎教时接收到了胎宝宝的反应，感觉宝宝状态良好，就可以和宝宝"做游戏"了。当胎宝宝用小手或小脚推或踢妈妈的时候，可在被踢或被推的部位轻轻拍两下，胎宝宝更换位置，妈妈也改变拍的位置，反复进行，时间不要超过10分钟，以免引起胎宝宝过度兴奋，引起胎动不安等。

2 注意事项

抚摸胎教应在妈妈身体状态比较舒适的时候进行，妈妈要注意排空膀胱，取比较舒服的卧姿或半卧姿，并保持轻松、愉快、平和的心态。另外还要注意以下几点：

要注意胎宝宝反应的力度和频率

如果胎宝宝不喜欢受到的抚摸刺激，可能会用力挣扎、蹬腿，这时应马上停止抚摸，并注意观察胎动，以免发生意外。

时间不宜过长

抚摸胎教的时间不可超过10分钟，一般早晚可各做一次，要选择在胎儿精神状态良好时进行。

不宜进行推拉等的抚摸动作

抚摸的力度宜轻而柔和，切忌粗暴推拉，以免用力不当或过度而造成腹部疼痛、子宫收缩，甚至引发早产，而且手法不当也可能引起脐带绕颈、胎位不正。另外，如果妈妈感到有腹壁变硬、收紧的情况，可能是发生了不规则宫缩，应停止抚摸胎教。妈妈有流产史、早产史或本次妊娠出现过先兆流产等情况，也不宜使用抚摸的方法进行胎教。

爸爸要经常听听胎心音

胎心音就是胎宝宝的心跳发出的声音。在孕1月末，胎宝宝的心脏就开始跳动了，只是比较微弱，只能通过B超检查才能发现。到孕2月末，胎心率可达180次/分钟，孕4月末逐渐下降并保持在120～160次/分钟。胎心的频率和强弱直接反映了胎宝宝在子宫内的健康情况和生长发育状况，作为爸爸要学会听胎心音。

1　听胎心音的工具

◎ 听诊器

孕5月可以用听诊器隔着妈妈的腹壁听到胎心音，类似钟表走动发出的"嘀嗒"声。不过对技术要求较高，爸爸需要多加练习，而且听到的声音也较小，可以在妈妈肚脐正中或偏左、偏右的地方听到。

◎ 胎心仪

采用超声多普勒听诊技术的高灵敏度仪器，可以听到像马蹄声一样的胎心音，操作比较简单，而且液晶显示器会显示胎心率，免去了人工计算胎心率的麻烦。

◎ 胎语仪

比胎心仪更加智能化，可以用来听、录胎心音，记录胎动，还能绘制监控曲线，并可通过智能手机连接互联网，使用非常方便。

◎ 直接用耳朵听

可以在产检时请医生帮助确定一下胎心位置，爸爸记住这个位置后，就可以用耳朵贴在妈妈的腹壁上听到胎心音了。不过这个方法一般在孕后期比较实用，孕中期听到的声音还不够明显。

2　听胎心音的方法

（1）听胎心音前，妈妈首先应排空小便，取仰卧或半仰卧的姿势，感到身体处于比较舒适的状态，再由爸爸将听诊器或胎心仪的听筒轻轻放在胎心最清楚的部位，仔细聆听，认真计数，把每分钟胎心跳动的次数系统地记录下来。

（2）孕5月能听到的胎心音大概是120～160次/分钟，还不太规律，有时可能出现短暂的停跳，有时可能达到180次/分钟，只要不是频繁出现，就不用为此紧张。另外，胎动的时候胎心率会略增快。胎宝宝睡着的时候胎心率会减慢。这些都是正常的情况。

（3）胎心过快（大于160次/分钟）、过慢（小于120次/分钟）、胎心率不规则的情况如果频繁出现或持续10分钟以上，都是异常的情况，多数提示宫内缺氧，会危及胎宝宝的生命，应及时就医。

3 ▶ 注意事项

（1）如果爸爸发现在原先的位置忽然听不到胎心音，但可以感觉到胎动时，说明胎宝宝的体位发生了变化，应到医院检查是否有胎位不正的问题。

（2）爸爸如果直接用耳朵听胎心音，要注意分辨妈妈的肠鸣音、心跳音和胎心音，一般胎心音比较规律，跳动快，而肠鸣音不够规律，妈妈的心跳音则较慢。另外爸爸切记不可为了听清胎心音而把耳朵用力硬贴在妈妈的肚皮上，这样容易刺激子宫产生宫缩，甚至可能引起早产。

（3）胎心音异常除了宫内缺氧外，还可能与妈妈本身的健康情况有关，比如妈妈发烧、甲状腺功能亢进或服用过舒喘宁（沙丁胺醇）等药物等，都可引起胎心率加快。妈妈服用心得安（普萘洛尔）等药物后可引起胎心率减慢。在出现胎心音异常，入院就诊时爸爸一定要记得向医生说明这些情况。

妈妈睡得香，才有好胎教

孕中期子宫迅速增大，妈妈的腹部逐渐隆起，会影响到睡眠，总觉得睡不舒服。然而，妈妈睡眠不足、睡眠质量差，会导致分泌生长激素的脑下垂体功能紊乱，也会影响到胎宝宝的生长发育，严重时可能引起宝宝生长停滞。不仅如此，妈妈自身也会感到疲劳、烦躁，甚至可能因为大脑休息不足，脑血管紧张而诱发妊娠高血压综合征。

为了改善睡眠质量，妈妈应当注意以下几点：

1. 保证充足的睡眠时间

　　妈妈每晚的睡眠时间至少要达到8个小时，如果孕前习惯睡8个小时，那么怀孕后可以适当延长，保证9个小时的睡眠时间。另外，白天如果有困意，可以适当午睡1~1.5个小时，但不宜睡太长时间，以免打乱作息习惯引起夜间失眠。

2. 养成规律的作息习惯

　　早睡早起的规律生活对于妈妈和胎宝宝的健康都是有好处的。妈妈可以在晚上9~10点做好入睡的准备，争取在11点就能进入深度睡眠，这是入睡的最佳时间，有助于肝胆排毒造血，所以孕前习惯晚睡的妈妈要注意及早纠正。

3. 采用正确的睡姿

　　孕中期的睡姿以左侧卧为佳，这样有助于减轻子宫右旋，加快子宫和胎盘血流量，避免胎宝宝缺氧、缺血。但是妈妈也不必因此有太多的心理压力，强迫自己一动不动地保持左侧卧位，结果反而更会难以入睡。

　　妈妈可以适当右侧卧一会儿或是将软垫子垫在两腿之间、小腿下方、背后，让自己变得轻松舒适。但要注意避免俯卧和仰卧睡，俯卧睡会压迫腹部，也不利于氧气吸入；仰卧睡会使子宫主动脉受到压迫，影响对胎宝宝的供血，还会让妈妈感到头晕、胸闷、血压下降。

4. 改善孕期失眠的办法

创造适宜睡眠的环境

　　可以花点时间整理一下卧室，拿走杂物，将卧室布置得舒适、温暖一些，灯光亮度宜选择柔和一些的，并准备卫生洁净的寝具。有条件的话可以准备孕期专用枕头，这种楔形或坡形的枕头能够更加舒服地支撑腹部和背部。

睡前适当做运动

晚饭后到睡前的时间，可以做散步、柔和的瑜伽、轻度家务之类的运动，有助于放松心情，让妈妈睡得更香。但要避免过量运动，因为身体过度劳累也会影响睡眠。

注意睡前的饮食

睡前不能吃太多食物，特别要避免吃辛辣、酸性等刺激的食物，否则会引起烧心、消化不良、恶心等，让妈妈很不舒服，更加难以入睡。晚饭宜吃清淡的食物，在睡前则可以吃点能够促进睡眠的食物，如热牛奶、香蕉、核桃、大枣等。

让心情变得平静

妈妈可以在睡前洗个温水澡，改善血液循环，并可减轻压力，有助于睡眠。另外，也可以播放节奏柔和缓慢的胎教音乐，在动听的旋律中逐渐入睡。要注意的是，妈妈在睡前要避免看紧张、刺激、惊悚的影视作品或文学作品，以免引起情绪波动，导致失眠。

爸爸妈妈可以适当走进大自然

本月妈妈和胎宝宝的健康状况比较稳定，可以适当外出。爸爸不妨常带妈妈去郊游，到大自然中去，欣赏美丽的风景，呼吸清新的空气，在自然之美中陶冶性情，激发妈妈对美好生活的热爱，更可让腹中胎宝宝分享美的感受，促进宝宝脑细胞和脑神经的发育。而且在晴朗的天气下外出，接受阳光照射，还能促进母体对钙的吸收，促进胎宝宝骨骼发育。

1. 带胎宝宝认识大自然

（1）用妈妈的心灵感受美。美感胎教是通过妈妈对美的感受来实现的。在欣赏大自然美丽风光的时候，妈妈可以将这些美景在脑海中不断汇集、组合，像播放影片似的，通过母子间的情感通路，用意识"播放"给胎宝宝，使宝宝受到大自然的陶冶。比如妈妈面对巍峨雄壮的大山时，心中油然而生的豪迈、敬仰之情，面对清澈见底的泉水时，心灵变得轻松、如泉水般明净……

（2）用语言描述给宝宝听。在欣赏大自然美景的同时，用语言胎教的方法，和胎宝宝充分"交流"，可谓一举两得。"宝宝你看，多美的大自然啊！碧绿的草地，五颜六色的花朵，蝴蝶在花丛中飞翔……"将这一切用生动的语言讲给宝宝听，还可以念一些歌颂自然风光的诗句，对胎宝宝的美感培养、智力提高都是极有好处的。

（3）善于发现生活中的自然美。如果由于条件限制，妈妈不能去风景区游玩，也可以在生活中寻找美的细节。比如家里养的鲜花、盆景，街心公园的绿地等等，只要有善于发现的眼睛，一片叶子、一朵花、一只小虫都可以成为胎教的好帮手，可以将愉悦和美感带给胎宝宝。

2. 妈妈外出的注意事项

（1）宜选择身体状况好的时候，在爸爸或其他家人的陪伴下外出，并尽量安排休闲、放松为主的短途游玩，不可长途跋涉，以免引起过度疲劳。

（2）外出踏青要避免接触过敏原，不要随便闻花草的味道，特别是过敏体质的妈妈更要注意。另外由于野外昆虫较多，要注意保护双手、面部、脖子等处的皮肤，防止蚊蝇、蜜蜂咬伤、蜇伤。

（3）可以随身携带一些富含能量和营养的食物，如巧克力、牛肉干等，以补充体力，避免因饥饿引起低血糖、头晕气短甚至影响到胎宝宝的健康。

（4）外出后返回家中，应及时休息，避免疲劳，晚上临睡前可以用较热的水泡脚10分钟，既可缓解脚部浮肿和疲劳，还可以促进睡眠。

妈妈可在太阳底下轻拍肚皮

晒太阳对于妈妈和胎宝宝的身体健康很有好处，能够促进妈妈身体对钙质的吸收，可以更好地满足胎宝宝对钙的需求，促进胎宝宝骨骼发育，预防先天性佝偻病等，也能为妈妈预防骨质疏松、腰酸、腿痛、手脚发麻、腿抽筋等症。妈妈可以在享受阳光的同时做轻拍肚皮的胎教训练，更可与胎宝宝进行情感的沟通和交流，让胎宝宝感受到母爱的温暖。

不过，实行这样的胎教方法需要注意以下几个细节。

1 晒太阳的时间不宜过短或过长

冬天光照不足，妈妈每天至少要晒太阳1小时，夏天阳光炙热，晒半小时即可。如果是长期在室内或地下卖场等环境工作的妈妈，平时接受自然光照少，晒太阳的时间还可延长一些。但是不宜过度暴晒，以免晒伤。

2 选择最佳的时间晒太阳

晒太阳比较好的时间是上午9～10点和傍晚4～5点，这时候阳光不会太强烈，而且妈妈的身体状态也比较好，可以到户外一边晒太阳，一边呼吸清新的空气、轻拍肚皮。正午阳光中的紫外线比较强，妈妈最好避免外出，以免对皮肤造成伤害。

3 不要隔着玻璃来晒太阳

玻璃会挡住大部分的紫外线，如果隔着玻璃晒太阳，就无法吸收紫外线促进维生素D的合成，也就无法促进钙的吸收。所以妈妈还是应该走到户外，接受自然的太阳光照射。

4 做好防晒工作

怀孕后皮肤可能会变得更加敏感，接受日晒后往往会出现晒黑、长出斑点等问题，妈妈可以涂一些天然无添加的防晒化妆品，但是要禁用含有重金属汞、铅、防腐剂、芳香化合物等化学成分的防晒霜、乳液等。另外，妈妈可以吃些富含维生素C的蔬菜水果，如西红柿、桔子、猕猴桃等，能够抑制黑斑生成，减少日晒对皮肤带来的伤害。

5　拍肚皮注意力度和方法

妈妈轻拍肚皮要注意手法和力度，动作宜轻巧柔和，可有节奏地拍一会儿，稍作停顿后再拍，整个轻拍的时间不能超过5分钟。切勿用力拍打肚子，以免引起宫缩，导致腹痛，甚至引发早产等严重后果。在轻轻拍打肚皮的时候，要注意感受胎宝宝的反应，如果感觉胎宝宝轻轻蠕动，可继续轻拍；如果感觉胎宝宝用力蹬腿、挣扎，则应马上停止。

闲暇时候练练简笔画

简笔画是一种非常有趣的绘画形式，它通过提取事物最突出的主要特点，用简单的点、线条、形状来表现人物、动物、风景等等。妈妈在孕期可以学学画简笔画，不仅简单好学，而且还能愉悦身心，更可锻炼胎宝宝的艺术感知力。

练习简笔画先要练习线条的画法，从画简单的横线、竖线、斜线、波浪线等，过渡到多种线条组合成形状。再发挥丰富的想象力，用各种图形如三角形、圆形、方形等等来表现事物。比如，多条波浪线可以表现河水、海洋，一大一小两个三角形可以表现一条鱼，圆形、椭圆形、三角形可以表现一只小鸟。只要平时多观察，抓住事物的特点，找出描绘各种事物的规律，把看似复杂的事物简单化、特征化，就不难画出一张妙趣横生的简笔画。

在画简笔画时，要注意和胎宝宝的"沟通交流"。比如要画小猫的简笔画，可以先拿出一张小猫照片，用详细的语言告诉宝宝"小猫的头是圆圆的，上面还有两只尖尖的小耳朵，胡须长又长，身子长又圆，下面长着四条腿，还拖一条长尾巴"。

在这个基础上，就可以动手作画了，一边画一边告诉宝宝："现在妈妈要画小猫的头了，先画一个圆形，然后在上面画上两个小三角形当耳朵，再加上眼睛、鼻子和胡子，小猫的头就画好了……"

妈妈要注意绘画的目的是陶冶情操和对宝宝实施美感胎教，所以不用太在意画得像不像之类的问题，不必拘泥于技巧，可以随心所欲地去发挥，这样更能享受到绘画的乐趣。

和胎宝宝一起捏面人

捏面人也叫面塑，就是利用面团的可塑性，将它用搓、揉、压、按等多种手法做成各种造型，是一种集平面美术和立体雕塑为一体的艺术形式。妈妈和胎宝宝一起来捏面人，这个手脑并用的过程，既充满趣味性，又能够提升观察力、思维和想象力，通过妈妈的神经传导给胎宝宝，也能让宝宝感受到艺术和美的魅力。

1. 和面

捏面人首先需要和面，可以将三成糯米面、七成白面加水掺和而成。为了做好的面人能够长久保存，还可以加入适量的蜂蜜、甘油等，这样不容易出现裂口。妈妈如果觉得和面的工作比较吃力，不妨让爸爸来帮忙。有了爸爸的加入，捏面人的活动会变得更加温馨有趣。

2. 调色

为了做出彩色的漂亮面人，可以把和面用的水换成含有天然色素的蔬菜汁、水果汁等。比如胡萝卜汁制出橙色面团，菠菜汁制出绿色面团，紫甘蓝汁制出紫色面团等。在调色的过程中，不要忘记对胎宝宝进行颜色胎教，让胎宝宝提前对五彩缤纷的世界有所感觉。

3. 制作

不要着急捏面人，妈妈首先应当在脑海中构思一下要捏的面人的形状，这也是一种有益的胎教方式。有了初步的认知后再开始捏自己喜欢的形状，必要的时候可以用上筷子、剪刀等工具。每捏一点，都要注意告诉胎宝宝捏出了什么，如"这是小球"，"那是长条"等等。仿佛每一步都有胎宝宝的参与，让胎宝宝也能感受到捏面人的快乐。

爸爸本月要多给胎宝宝唱歌

爸爸的声音和妈妈相比，比较低沉、浑厚，富有磁性，能够让妈妈和胎宝宝感觉安定，而且胎宝宝往往更喜欢听爸爸的声音。如果在出生前爸爸经常对胎宝宝唱歌、讲话，让胎宝宝感受父爱的温暖，对于胎宝宝情感的萌发也具有很大好处，宝宝出生后父子之间也能建立起更加亲切、深厚的感情。

爸爸充满感情地为胎宝宝唱歌

爸爸可以对着妈妈的腹部唱歌给胎宝宝听，可以选择一些节奏较慢，比较简单的歌曲或者儿童歌曲唱。唱的时候不要有难为情的感觉，要声情并茂，唱出对妈妈和宝宝的爱，这样的歌声才更有感染力。

2 唱歌前可以先做开场白

爸爸妈妈可以给胎宝宝起个可爱的小名，如"宝宝""小乖"等等，并经常用这个小名呼唤宝宝，使他加深印象。在爸爸每天为胎宝宝唱歌之前，也可以先呼唤宝宝，做个开场白。比如"小乖，早上好，你醒了吗？爸爸给你唱首歌吧"，经过一段时间就可形成习惯，只要爸爸发出呼唤，胎宝宝常常会用胎动来做出反应。

3 唱完后对宝宝说结束语

同样的，唱完后爸爸也不要忘记告诉宝宝，可以这样说结束语："小乖，爸爸唱完了，你觉得好听吗？给爸爸鼓鼓掌吧。"这样能够更好地与胎宝宝进行"互动"，加深与宝宝的感情。

4 唱歌时的注意事项

（1）唱歌时不要距离妈妈太远，这样胎宝宝就听不见爸爸的声音了。但也不能离得太近，甚至紧贴在妈妈的腹部唱歌，就可能产生强烈的刺激而引起宫缩。一般合适的距离是离妈妈50厘米左右为宜。

（2）爸爸不要唱一些节奏感强烈的军旅歌曲、摇滚乐等，也不要大声扯着嗓子唱歌，否则会使胎宝宝受到惊吓。

（3）靠近妈妈和胎宝宝之前，爸爸最好先检查一下自己身上是否有烟酒等气味，这些气味可对妈妈造成刺激，引起恶心、烦闷等多种不适。另外爸爸切记不能一边吸烟一边进行唱歌胎教，烟雾中的有害物质被妈妈吸入体内，会通过血液输送给胎宝宝，会对胎儿产生不良影响。

爸爸妈妈一起做手工

做手工是孕期非常有意思的活动，手工材料品种多样、色彩各异，在挑选和使用的过程中，需要手、眼、大脑多种感官相互配合，能够改善孕期手指麻木、发胀等症，也能调整情绪，让妈妈心情变得平静祥和。不仅如此，爸爸妈妈的熏陶，也有助于胎宝宝出生后想象力、创造性、审美能力的发展和提高。

1 做手工的材料搜集

爸爸妈妈可以从商店买一些现成的手工用纸等材料，但更好的材料还是来源于现实生活中，完全可以就地取材、变废为宝，如旧报纸、旧挂历、废纸箱、鸡蛋壳、塑料瓶、旧袜子等，都可以用来加工制作，而且更利于发挥创造性。另外，还需要准备剪刀、裁纸刀、水彩笔、胶水、针线等工具。为了安全，给妈妈用的最好是钝头的手工剪刀。

2 做手工的方法

可以根据找到的材料，充分发挥想象力和创造力，做出不同的作品。比如找到的是废牙膏盒，就可以用裁纸刀将其一分为二，再用剪刀剪出优美的弧线，然后将两半牙膏盒背靠背粘起来，就能做成一个简易笔筒。爱美的妈妈还可以在笔筒外面包上碎布、彩纸等作为装饰。

类似这样的例子还有很多，爸爸妈妈不妨发挥聪明才智去做，并可以根据各自的特长进行合理分工以增加趣味性。如果感到没有头绪，也可以购买一些手工教程书籍来学习。

3 注意和宝宝交流心得

在找材料和做手工的过程中，都要注意和胎宝宝的语言"交流"，可以多和宝宝"讨论"一下每个作品是怎么做出来的。在完工后，还可以把宝宝的小名和一些祝福的话语写在手工作品上，把幸福快乐的心情传递给胎宝宝。

念一念趣味绕口令

　　绕口令内容活泼有趣，但因为使用大量字音相近、叠韵、双声的词语，所以特别绕口，容易说错。妈妈经常念绕口令，既能促进头脑灵活反应，又能丰富生活情趣，对腹中的胎宝宝则是一种很好的语言胎教方式。经常进行这类胎教，对宝宝将来的语言表达力、思维敏捷度都能产生好的影响。

1. 由慢到快的练习

　　开始念绕口令不要操之过急，如果一味求快，就会混淆在一起，念出来的只会是模糊不清的声音。练习时可以先一个字一个字地慢慢地念，直到每个字都能达到吐字清晰、发音准确。然后再逐渐加快语速，把每一句话都念清楚后，再连贯起来，念出绕口令的节奏感。

2. 结合形象思维

　　很多经典的绕口令其实就是短小精悍的文学作品，有着可贵的艺术价值。妈妈在念绕口令的时候要带着由衷的情感去体味，把逻辑思维和形象思维结合起来。比如这首绕口令"绿青蛙，叫呱呱，蹦到地里看西瓜。西瓜夸蛙唱得好，蛙夸西瓜长得大"，妈妈就可以在脑海中感受一下青蛙和西瓜对话的充满童趣的场景，这种感受也会传递给胎宝宝，对胎宝宝起到很好的艺术感染效果。

3. 和爸爸比一比

　　妈妈独自念绕口令，可能会觉得有些枯燥。不妨和爸爸一起来比一比，看谁能一口气把一则绕口令快速流畅地说完。一起练习时，还能相互纠错，吐字发音更为准确清楚，也更能激发兴趣。

运动胎教

提肛运动

胎教效果 孕中期子宫增大压迫盆腔血管，可使直肠下段和肛周静脉充血膨大形成痔疮，并且孕期便秘也会促使痔疮生成。提肛运动能改善局部血液循环，对痔疮有预防作用。并可增加盆底肌的弹性及控制力，对于日后顺利分娩也有帮助。

运动次数 5~6次

完整动作

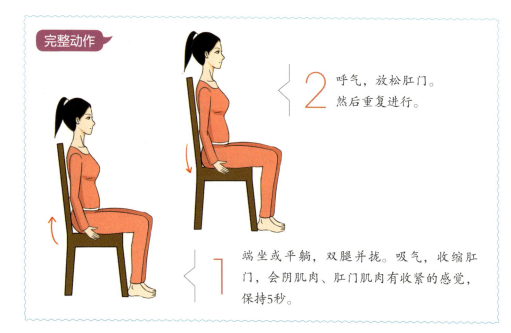

2 呼气，放松肛门。然后重复进行。

1 端坐或平躺，双腿并拢。吸气，收缩肛门，会阴肌肉、肛门肌肉有收紧的感觉，保持5秒。

贴心小提醒 这个练习可以在晚上临睡前或早上起床时做，练习的时候，可以播放节奏舒缓的轻音乐，能够更好地放松身心，而且还能对胎宝宝进行音乐胎教。需要注意的是，**孕早期**和**孕晚期**都**不适宜**做提肛运动，以免刺激子宫收缩，引起流产或早产。如果运动的过程中出现腹痛、阴道出血等症状时应该立即停止，出血量多时还需要马上就诊。

瑜伽树式

胎教效果 这个练习能够使身体各关节部位得到活动，可改善体质，增强身体的柔韧性，缓解孕期腰腿酸痛。而且在练习的过程中能够增加妈妈的平衡感、自信心、注意力，对胎宝宝也是一种很好的胎教。

运动次数 4~6次

完整动作

1 靠墙站立，双腿并拢，目光凝视身前的地面，保持自然的呼吸。

4 呼气，手臂慢慢放下，自然下垂到身体两侧。左脚慢慢放下，恢复最初的站姿。稍加休息后换侧练习。

2 用右腿保持平衡，慢慢抬起左脚，尽量抬高，可以用手帮助将左脚紧压在右大腿内侧，不要向下滑动。

3 吸气，将双手合十，缓缓举过头顶，保持5秒。

贴心小提醒 练习树式一定要避免摔倒发生危险，所以妈妈最好靠着墙壁或柱子进行练习。有高血压、头晕等症的妈妈可以不将双手举过头顶，可改为在胸前合十。

腰部拉伸

胎教效果 做这个动作能够增强腰部及背部的肌肉，对于孕中期腰背酸痛有缓解的作用。而且妈妈会有精神振奋的感觉，身心舒畅对于胎宝宝也是有好处的。

运动次数 4~6次

完整动作

1 端坐，目视前方。吸气，头部慢慢向上仰，背部轻轻向下压，感觉到腰部两侧肌肉有略收紧的感觉，即可停止，保持5秒。

2 呼气，头部慢慢向下低，背部缓缓回复正直，再略向上拱，直到腰部两侧肌肉有略微收紧的感觉，即可停止，保持5秒。

贴心小提醒 从孕5个月后可以做这个练习，注意动作不可过快，力度不可过大，不要让腹部有拉伸和压迫的感觉。

胎教音乐

《秋日私语》

胎教效果

理查德·克拉德曼演奏的钢琴曲《秋日私语》，唯美浪漫，旋律富于层次感，可引发妈妈心中关于爱的记忆，并能够体会到一种心灵深处的平静，这种美好的音乐体验也能让胎宝宝获得安宁和幸福的感受。

贴心小提醒

在欣赏乐曲时，可以在脑海中形成一幅秋日树林中美丽的风景画面，借以对胎宝宝进行艺术的熏陶。在想象中，妈妈仿佛正牵着宝宝的手，踏着飘落在地面的红枫叶，享受着平静、幽雅的氛围……

《牧歌》

胎教效果

《牧歌》是一首歌颂放牧生活的民歌，音调开阔悠长，节奏自由洒脱，旋律悠扬，欣赏时会有心旷神怡的感受，能够对胎宝宝的听神经细胞产生有益的刺激，对于听觉发育和智力提高都有一定的作用。

贴心小提醒

妈妈可以在胎宝宝胎动比较频繁的时候播放这首乐曲，最好选择无人声的小提琴曲版本。欣赏乐曲的时候，脑海中可以想象一望无际的辽阔草原，以及蓝天、白云、雪白的羊群，并将这个美好的印象传递给宝宝。

《春之声圆舞曲》

胎教效果

奥地利音乐家约翰·施特劳斯的这首管弦乐曲，旋律轻松活泼、优美生动，起伏跳跃，节奏感强，充满青春的生机和气息，可以让妈妈振奋精神，解除忧虑，也能让胎宝宝感觉舒适、愉悦，增添生命的活力。

贴心小提醒

可以在清晨胎宝宝醒来时播放这首音乐，播放时注意音量不宜太大。在欣赏时妈妈可以在脑海中描绘大地回春、冰雪消融、春意盎然的景象，并注意和胎宝宝"交流"自己听音乐的感受。

胎教名画

《摇篮》

胎教效果

《摇篮》是法国女画家摩里索的作品，描绘了一位年轻母亲一边轻摇摇篮，一边深情地凝望着熟睡中的宝宝的画面。妈妈在欣赏时，能够感受到作品所表达的温馨的母爱之情，并可引起妈妈深深的共鸣，对胎宝宝的爱意也更加浓厚了。胎宝宝接收到妈妈情感的变化，会感到更加安定和愉悦。

贴心小提醒

在欣赏名画的同时，可以对胎宝宝进行语言胎教，比如对宝宝说："你看图画中的小宝宝睡得多香啊，她的妈妈在陪着她，她们多么幸福。等你出生后，妈妈也会很爱你的。"

《洗澡》

胎教效果

美国画家玛丽·卡隆特的作品《洗澡》描绘了妈妈给小女儿洗澡的一幕，平凡而普通的画面表现出母女之间的亲密和温馨，妈妈欣赏时能够获得温暖和愉悦的情感体验，也能使胎宝宝受到感染，对宝宝情感发育有促进作用。

贴心小提醒

和胎宝宝一起欣赏这幅名画，给宝宝讲讲画面中的人物、构图、色调等，并可以这样对宝宝进行语言胎教："这个小姐姐真幸福，她的妈妈正在帮她洗澡。以后妈妈也会帮宝贝洗澡的，宝贝，妈妈很爱你哦。"

胎教诗歌

《有约》（《约客》）

胎教效果

南宋诗人赵师秀的这首《有约》表达了一种闲适、恬淡自然的心境，妈妈品味其中意境，能够消愁除烦，沉浸在内心的静谧之中，有助于缓解孕期焦虑。富有韵律美的诗句也能很好地刺激胎宝宝的听觉器官和大脑皮层，有助于智力和听力的提高。

诗歌原文

黄梅时节家家雨，青草池塘处处蛙。
有约不来过夜半，闲敲棋子落灯花。

贴心小提醒

在欣赏诗歌后，妈妈可以拿起画笔，发挥自己的想象，试着在纸上勾勒一幅江南梅雨季节的夏夜之景，不必纠结像不像的问题，但是一定要与胎宝宝充分交流，告诉胎宝宝自己画的是青草池塘、青蛙、民居等等。

《鸟鸣涧》

胎教效果

唐代诗人王维这首作品描绘了一幅幽境恬淡的春山月夜图画，妈妈和胎宝宝会在阅读时不知不觉随着诗人清雅的文字进入安宁静谧的意境，可以改善心情、消除烦恼和忧愁。

诗歌原文

人闲桂花落，夜静春山空。
月出惊山鸟，时鸣春涧中。

贴心小提醒

在阅读时妈妈脑海中可在脑海中勾画这样一幅画面："夜晚寂静无声，山谷中只有桂花在缓缓飘落，月亮刚出，亮光惊动了宿在树枝上的小鸟，它们发出了几声鸣叫，之后，山谷中更安静了。"然后，妈妈可以和胎宝宝交流一下诗人是如何用动的"落花"和"惊鸟"反衬环境的清幽寂静的。

胎教儿歌

《泥娃娃》

胎教效果

这是一首旋律和缓、简单易懂的儿童歌曲，朗朗上口的歌词非常具有画面感，有助于培养胎宝宝的感性思维和想象力。

儿歌歌词

泥娃娃，泥娃娃，
泥呀泥娃娃，
也有那眉毛也有那眼睛，
眼睛不会眨。

泥娃娃，泥娃娃，

泥呀泥娃娃，

也有那鼻子也有那嘴巴，

嘴巴不说话。

她是个假娃娃，

不是个真娃娃，

她没有亲爱的爸爸，也没有妈妈。

泥娃娃，泥娃娃，

泥呀泥娃娃，

我做她爸爸，我做她妈妈，

永远爱着她。

贴心小提醒

妈妈在欣赏这首儿歌时，可以和胎宝宝进行"对话"，将泥娃娃的样子绘声绘色地描述给宝宝。也可以在纸上画出来，一边画一边告诉宝宝"这是泥娃娃的眼睛、嘴巴"等等。

《小雨沙沙》

胎教效果

这首儿歌旋律柔和缓慢，歌词浅显易懂，表现了春天生机勃勃的景象，能够带给妈妈和胎宝宝快乐轻松的感受，还能培养胎宝宝对大自然的爱。

儿歌歌词

种子种子在说话，在说话。

哎呀呀，雨水真甜，

哎哟哟，我要发芽。

小雨小雨沙沙沙，沙沙沙，

种子种子在说话，在说话。

哎呀呀，我要祝福，

哎哟哟，我要长大。

妈妈可以通过聆听乐曲，感受音乐中表现的春天的景色，并通过想象和语言传递给胎宝宝。还可以用活泼、亲切的情绪演唱这首歌曲，并告诉胎宝宝种子发芽生长离不开雨露的科学道理。

胎教故事

《乌鸦与狐狸》

【胎教效果】

这个故事出自《伊索寓言》，非常生动有趣，也比较好理解，作为胎教的素材，能够促进宝宝智力、语言能力的发展。

【故事正文】

有一只乌鸦和狐狸是邻居，乌鸦住在大树上，狐狸住在下面的树洞里。

一天，乌鸦找到了一块好吃的猪肉，高兴地叼了回来，站在树上休息。狐狸闻到了肉的香味，馋得直流口水，可是乌鸦把肉紧紧咬在嘴上，狐狸吃不到。

狡猾的狐狸想：只要乌鸦张嘴说话，肉就会掉下来。于是狐狸亲热地说："乌鸦，早上好！"可是乌鸦紧闭着嘴，没有回答。

狐狸转了转眼珠，又笑眯眯地说："亲爱的乌鸦，你的孩子好吗?"乌鸦看了狐狸一眼，还是没有张嘴。

狐狸绞尽脑汁，突然灵机一动，说："亲爱的乌鸦，早上的风景这么好，如果没有好听的歌声就太可惜了。请您唱几句吧，大家都说您嗓子好，什么百灵鸟喜鹊鸟都比不上。"狐狸的这句恭维话可算是说到了乌鸦的心坎上，乌鸦得意地清清嗓子，张开嘴就要唱歌了。

与此同时，那块肉也掉了下去，狐狸一个箭步扑过去，叼着肉钻回自己的洞里去了。乌鸦这才省悟，可是已经来不及了。

【贴心小提醒】

最好由爸爸讲这个故事给胎宝宝听，胎宝宝比较喜欢爸爸低沉有穿透力的声音。在讲故事的时候注意表现出狐狸的狡猾，讲完故事要把其中的道理分析给宝宝听："这个故事是告诉我们不能像乌鸦一样自以为是，喜欢炫耀。如果遇到别人奉承吹捧，要保持清醒的头脑，不要轻易相信，否则就会吃亏上当，后悔莫及。"

《钉子》

【胎教效果】

这个故事选自《格林童话》，用简单易懂的语言讲述了深刻的寓意：欲速则不达。给胎宝宝讲这个故事，能够将智慧的道理传递给胎宝宝，促进宝宝智力、语言能力的发展。

【故事正文】

有一个商人，从很远的地方买了一些货物。他把货物牢牢地绑在马背上，一大早就赶着马儿出发了，想在日落之前到家。

中午的时候，他路过了一个小镇，就停下来吃了午饭。饭馆的伙计帮他牵马的时候，发现马蹄铁上有颗钉子松动了，就告诉了商人。商人想了想说："算了，就这样吧，如果去修马蹄铁，又要耽误时间，我还想早点回家呢。"

下午的时候，他又经过了一个集市，有人喊住他说："你的马蹄铁掉了，快去修修吧。"商人回答说："还有几里路就到家了，回家再说吧。"

结果没走多久，马就跌倒在地，腿也折断了，一步也走不了。商人无可奈何地扛起了货物，把马丢在原地，艰难地步行回家。等他到家的时候，已经是深夜了，他累得上气不接下气，生气地说："都怪那颗该死的钉子！"

【贴心小提醒】

可以由爸爸来讲这个故事，胎宝宝会更喜欢听到爸爸的声音。讲完故事爸爸可以问一问宝宝："是钉子把商人害成这样的吗？其实不是的，是因为商人太心急，如果他能够花一点点时间把马蹄铁上的钉子装好，就不会发生后面的问题，我们做事不能像商人这样。"

胎教古文

《诗经·蒹葭》

胎教效果

这首诗本是一首古代民歌，重叠的三章回环反复，有一种独特的韵律美。诗中所描绘的意中人的形象，具有朦胧的美感，妈妈欣赏时会感到无穷的韵味，也能让胎宝宝受到潜移默化的艺术熏陶。

诗歌原文

蒹葭苍苍，白露为霜。所谓伊人，在水一方。
溯洄从之，道阻且长。溯游从之，宛在水中央。
蒹葭凄凄，白露未晞。所谓伊人，在水之湄。
溯洄从之，道阻且跻。溯游从之，宛在水中坻。
蒹葭采采，白露未已。所谓伊人，在水之涘。
溯洄从之，道阻且右。溯游从之，宛在水中沚。

贴心小提醒

在读这首诗的时候最好先查一下工具书，了解一下生僻字的读音和意义，这样能够更好地把握诗歌的意境。在欣赏时可以在脑海中描绘一幅秋色茫茫、寒霜浓重的景色。

胎教散文

《飞不走的蝴蝶》

胎教效果

美国女诗人玛丽·格丽娜的这篇散文将自己比喻为一只飞不走的蝴蝶，表达了对母亲深沉的爱和依恋，妈妈在欣赏时可感受到那股来自亲情的强烈感染力。文中诗意的语言将对胎宝宝的听觉、感觉给予优良刺激，为宝宝营造一个美丽而温情的世界，促进脑部和情感的发育。

妈妈，蝴蝶是飞不走的，你的斜条纹的衣裙，没有洒上我们伊里亚那人梦中的香水，但是，妈妈，蝴蝶是不会飞走的。

你的慈爱是圣那安露一片低缓的谷地上，静默开放着的天竺花，当风吹来又逝去的时候，你就只有沉默了；当一群黄莺匆匆忙忙地摇振翅翼，你就只有孤独了；而当一只有油画颜色的蝴蝶飞进你的柔情，妈妈，你的眼睛像风岛上明亮的灯光。

你曾对父亲说，要给所有的人以爱，他纠正说：不，是慈爱。那以后不久，你就拥有一位带着克朗镇风味的女儿。

记得你叫过我猫咪，我叫一声就跑开了；你还叫过我法绒犬，后来，我真的像犬一样地独自在家园外遥远的路途上逡巡。

妈妈，那一次的外出好险啊，我刚刚读完一篇《为爱喝彩》，结果，在傍晚，你和父亲几乎和夕阳一道找遍整个地球。

深夜，你又重新唱起了歌，"飞走的蝴蝶啊，留下一片花园在悲怆。"

妈妈，想起因年轻而萌发的草率，即使你不是温馨的花园，我却已经是一只懂事的蝴蝶，一只再也飞不走的蝴蝶。直到你枯萎，直到我变成空气中一粒微不足道的尘埃，我也是伊里亚那那一座叫作安妮的花园里一只飞不走的蝴蝶。

妈妈可以自己给胎宝宝朗读这篇散文，在读的时候要注意充满情感，读出诗一般的感觉。也可以播放音频材料，同时不要忘记和宝宝"交流"阅读的感受。

📎 本月贴士

注意胎盘早剥

胎盘早剥是指未到正常的分娩时间，胎盘就过早地从子宫壁上剥离的现象，可发生在怀孕20周后或分娩前。胎盘早剥可能引起妈妈大出血，并且还会阻断输送给胎宝宝的氧气和其他营养，如果处理不及时，可能危及妈妈和胎宝宝的生命。

引起胎盘早剥的原因可能有很多种，其中比较重要的有妈妈罹患高血压、腹部受到撞击、平时有吸烟的习惯等。如果妈妈有这些问题，并且发现有阴道出血及突发性腹痛的情况，就要考虑到胎盘早剥的可能，立即入院就诊，如果胎盘早剥确诊则应迅速终止妊娠，争取尽早结束分娩。

为了预防胎盘早剥，就要注意预防妊娠高血压综合征。妊娠中晚期比较容易发生妊娠高血压综合征，妈妈一旦出现高血压、水肿和蛋白尿症状，应采取积极态度，尽早治疗。

另外，从孕中期开始，随着腹部逐渐增大，妈妈要更加注意安全，尽量避免去人多的地方，以免发生拥挤使腹部受到挤压。上下楼梯、坐电梯时都要小心扶好扶手，避免摔倒撞击腹部。同时，妈妈要注意按时接受产前检查，可通过仪器及早发现异常情况。

Chapter 7

孕6月
胎教，孕育
一个耳聪目
明的宝宝

妈妈和胎宝宝有什么变化

1

孕6月胎宝宝的生长和发育情况

怀孕第6个月，胎宝宝的听力已经形成，能够听到妈妈说话的声音，还会被过大的噪音吵得躁动不安；胎宝宝变得越来越活跃了，这一时期是大脑发育的高速时期，会有一些面部表情和吮吸、吞咽、呼吸等活动，有时会做像踢脚、挥拳这样的小动作，而妈妈也可以更加清楚地感觉到频繁的胎动；在这时候，胎宝宝已经长出了头发、眉毛、睫毛、指甲，骨骼也长得很结实，但还没有皮下脂肪，皱巴巴的皮肤上覆盖着一层白色、滑腻的胎脂；到了第24周，胎宝宝的身长约30厘米，体重可达600~700克，开始充满妈妈的整个子宫；从这时候起，胎宝宝越来越像一个有自己独立意识的"人"，它还会对准妈妈的情绪变化做出一些反应。

2

孕6月妈妈的身体变化情况

怀孕第6个月，妈妈的体重会显著增加，腹部凸起更加明显，身体重心前移，出现了孕妇特有的体态，行动也开始感到不便，并且身体还会有一些其他生理变化：

（1）浮肿。小腿、双脚、脚踝可能会有不同程度的浮肿，这多是因为妈妈下半身血管等受到压迫，造成体液堆积造成的。对此，妈妈可以选择一些宽松、透气性好的服装穿着，平时坐卧的时候可将双脚适当垫高一点，并避免长时间站立或从事过重的体力劳动，以免加重身体的负担。如果浮肿症状过膝，伴有血压高、蛋白尿等症，则有可能是患上了妊娠高血压或先兆子痫，应尽快入院检查。

（2）便秘、痔疮。由于孕激素增加、肠蠕动变慢，加上子宫对胃肠道的压迫等，孕中期妈妈的便秘情况可能会加重。并且由于子宫对直肠的压迫，可引起直肠内静脉肿胀、曲张，形成痔疮，排便时会出现疼痛、出血的情况。妈妈平时要注意多吃富含纤维素的水果蔬菜，养成规律的排便习惯，以减轻便秘和痔疮的困扰。

（3）**乳房不适**。随着乳腺组织的发育，妈妈的乳房渐渐胀大、变硬，可能会感觉有些胀痛。挤压乳头，还会有少量乳汁流出。所以平时可以做些乳房按摩来得到缓解。

（4）**色斑**。随着孕期的进展，不少妈妈会发现自己"变丑了"，面部会出现很多色素沉着，这是由于体内激素的改变而造成的，准妈妈不必为此过于紧张，怀孕中所发生的色素沉着因人而异，分娩后会逐渐变浅。

（5）**腿部抽筋**。由于子宫增大影响下肢血液循环，以及缺钙、受寒、疲劳过度等原因，妈妈有时会在夜间入睡时突然出现小腿肌肉紧绷、痉挛、疼痛的现象，这时可以用力将脚蹬到墙上或下床站立片刻，有助于缓解抽筋。在平时饮食中则要注意补充钙质，并定期去户外晒太阳。另外，在睡前可用热水泡脚，并请爸爸对小腿后方进行按摩，有助于预防抽筋。

本月胎宝宝的听力达到更高水平

胎宝宝的听觉系统发育很早，一般从孕1月末听觉器官就开始发育，孕2月末已经形成了耳廓，但听神经中枢还未发育完全，胎宝宝还听不到外界的声音。听力的高速发展主要集中在孕5月到孕7月之间。孕5月的胎宝宝开始有了听觉，一般只对低频的声音有反应，比如爸爸沉稳有力的声音，胎宝宝就非常喜欢。到了孕6月，胎宝宝的听力达到了更高水平，对来自母体外的声音非常感兴趣，能分辨出各种声音，并在妈妈体内做出相应的反应，如胎动、胎心率等都会出现变化。

因此，孕6月的胎教重点就是坚持给胎宝宝进行音乐胎教或语言胎教，并且要坚持不懈，对胎宝宝做持续的刺激，直到分娩。这样，胎宝宝在出生后，往往会表现出对语言文学和音乐艺术的浓厚兴趣，学语言会更有积极性，乐感发展也较好。

需要注意的是，胎宝宝听力提高后，对于噪音的承受力也会变小。尽管妈妈的子宫、羊水及其他组织结构能够对胎宝宝起到保护作用，但毕竟是有限的，过强的噪声会引起胎宝宝听力损伤，使宝宝在出生前就丧失了听觉敏锐度，这种影响还会随着噪声的增强而更加严重。因此妈妈本月要特别注意远离噪声，为胎宝宝提供一个安静、稳定的生长环境。

听力发育，音乐胎教好时机

从妊娠第6个月起，随着胎宝宝听觉的发育完全和听力提高，可以开始有计划地进行音乐胎教了。这时胎教的音乐内容可以较之前更丰富一些，可以选择轻松愉快、诙谐有趣的音乐。悦耳怡人的音乐能够对妈妈的听觉神经器官产生有益的刺激，引起大脑细胞的兴奋，使妈妈感觉精神振奋，身体状态良好，能够促进腹中的胎宝宝健康成长。另一方面，明快的音乐也能直接刺激胎宝宝的听觉器官，通过传入神经传入大脑，促进脑细胞发育，增加脑容量，促进胎宝宝的智力发展。

1. 音乐胎教的方法

（1）边听边哼唱。爸爸妈妈的声音是胎宝宝已经比较熟悉的，通过歌声的和谐共振，能够让胎宝宝获得情感上的满足。爸爸妈妈哼唱时应心情愉快，声音宜轻而温柔。

（2）联想与想象。妈妈在音乐欣赏中加入自己的情感，产生许多美好的联想，并且在脑海中想象胎宝宝可爱的笑脸等各种生动的形象，如同进入美妙无比的境界，这种感受可以通过神经体液传导给胎宝宝。

（3）教胎宝宝"唱歌"。可以从最简单的音符开始，告诉胎宝宝怎么唱，然后教一些比较简单的乐谱，并反复进行，给胎宝宝加深记忆。这种音乐胎教的方法更加亲密，爸爸妈妈与宝宝的互动性更好。

2. 选取合适的音乐

（1）和胎宝宝的"气质"互补。不同的胎宝宝其实是有不同的性格的，有的宝宝比较"安静"，有的宝宝比较"调皮"，这一点从宝宝胎动的频率和幅度就可以看出来。在利用音乐进行胎教时，就可以选择与胎宝宝气质互补的音乐，比如给活泼好动的宝宝听节奏缓慢、旋律柔和的乐曲，如《摇篮曲》等；而给文静、不爱活动的宝宝则可以听一些轻松活泼、节奏明快的乐曲，如《小天鹅舞曲》《小狗圆舞曲》等，对胎宝宝的生长发育和性格养成能起到良好的效果。

（2）符合妈妈的喜好。有的妈妈为了对宝宝进行音乐熏陶，强迫自己听一些平时不喜爱的古典音乐，结果在听的过程中感到烦躁不安，没有感受到音乐的美感和乐趣，反而增加了精神压力，对胎宝宝的生长发育也很不利。因此妈妈还是要选择自己平时比较喜欢的音乐，但最好避免听刺激性强的摇滚乐和一些内容比较低俗的音乐，应着重旋律简单舒缓、具有重复性，有助于放松身心的美妙乐曲，优美的音乐能使妈妈分泌更多的乙酰胆碱等物质，改善子宫的血流量，从而促进胎儿的生长发育，还能使胎儿在子宫内安稳。而且音乐的节律性振动对胎儿的脑发育也是一种良好的刺激，这将促使胎儿大脑发育。

3. 注意事项

（1）音乐胎教的时间不宜过长，可以每天安排1～2次，每次10～15分钟即可。可以选择在妈妈休息或吃饭时进行，在临睡前有胎动的情况下进行，效果更佳。

（2）不能把音乐喇叭直接放在妈妈腹部。这样做可能会对胎宝宝耳神经造成强烈刺激，导致听觉损伤甚至终生耳聋。如果用音乐设备播放音乐，妈妈至少也要距离音响1.5～2米的距离。

（3）音乐胎教的音量要控制在安全范围。声音的强度最好能够控制在60分贝以下，频率不要超过2000赫兹，频率过高也会损害胎宝宝耳内器官，会导致听力下降。

英语胎教正当时

胎宝宝对声音已经具有了一定的记忆力，本月适当开始英语胎教，能够让胎宝宝逐渐熟悉英语环境，对英语产生亲切感，也能为宝宝的语言学习能力的发展打好基础。不仅如此，妈妈和胎宝宝进行英语"沟通"，还能母子间的情感交流。

英语胎教可以通过语言交流、音乐欣赏、讲故事等方式实施：

1 可以多用英语和胎宝宝聊天

这是最好的英语胎教方法，胎宝宝对于妈妈的声音已经比较熟悉，妈妈坚持对胎宝宝说英语，收效会更好。比如妈妈可以用英语将自己看见的事情讲给胎宝宝听，还可以给胎宝宝起一个好听的英文名字，在胎教的时候用来呼唤宝宝。

如果有的妈妈不能流利地说英语，也不要过于担心甚至为此背上心理负担，可以根据自身的情况学一些简单的句子，如："hello!my baby！（你好！我的宝贝！）""I love you!（我爱你!）"等等，然后以愉快轻松的心情讲给胎宝宝听就可以了。

2 用英文给胎宝宝读文学作品

可以选择一些优秀的英文原版文学作品，每天读一点给胎宝宝听，最好是篇幅较短、文字优美、有重复性的英文诗歌、散文，如泰戈尔英文诗集等，在读的时候一定要让胎宝宝感受爸爸妈妈妈勤奋积极的情绪和声音，如果若一直反复念同一经典给胎宝宝听，会令胎宝宝神经系统变得对语言更加敏锐。

3 给胎宝宝唱英文歌曲

可以给胎宝宝唱一些旋律轻快好听的英语歌曲，如电影《音乐之声》主题曲《DO RE MI（哆来咪）》、卡朋特的《Yesterday once more（昔日重来）》等，但不能选用摇滚乐。唱歌之前要注意观察胎动情况，确定胎宝宝是醒着的，再给胎宝宝唱英文歌，唱的时候注意配合愉快的表情，还可以适当加上一些动作，以增强感染力。

4

播放英文音像制品

如果爸爸妈妈担心自己的发音不够标准，怕会"误导"胎宝宝，那么也可以选择一些句型简单、内容健康、重复性高的英文卡通视频等，借助有趣的内容、清晰的发音、活泼的气氛，同样可以起到很好的胎教效果。

根据妈妈的性格选音乐和歌曲

每个人都有各自不同的性格特点，选择符合自己性格的音乐和歌曲，在欣赏时就会感到这种声音和旋律是最美妙的，也才能够更好地投入其中。妈妈在做音乐胎教的时候也要注意这一点，才能更好地与胎宝宝心灵相通，享受音乐艺术的美好。

1

选择不同节奏的音乐

节奏缓慢，旋律柔和安详的音乐，能够让紧张和焦虑的情绪放松，适合性格外向或平时比较急躁、易激动、生气的妈妈。这些音乐如莫扎特《小夜曲》、德彪西《月光》等，可以使妈妈及胎宝宝感到轻松和谐，有助于胎宝宝的身心健康发展。

节奏较快、旋律轻快活泼的音乐，能够为沉闷的身心注入活力，适合性格内向或抑郁的妈妈。这些音乐如柴可夫斯基《波兰舞曲》、约翰·施特劳斯的《春之声圆舞曲》等，可以使孕妈妈振奋精神、消除忧虑，也能让胎宝宝感受快乐和愉悦的氛围。

2

选择不同风格的音乐

妈妈可以根据自己的性格，给胎宝宝听风格多样的音乐。比如，性格内向安静的妈妈可以选择古典音乐，如巴赫、贝多芬、莫扎特、舒伯特的音乐时，在优美的旋律中体验最真挚的情感；感情细腻的妈妈可以选择浪漫主义音乐，如肖邦、舒曼、李斯特、瓦格纳、柴可夫斯基的音乐，去体会旋律中蕴藏的丰沛的感情；大方开朗的妈妈可以选择美国乡村音乐，去感受那种无拘无束的洒脱与快乐。

需要注意的是，摇滚音乐、重金属音乐、朋克音乐、电子舞曲等因为节奏激昂，会对妈妈和胎宝宝产生较强的刺激，都不适合在孕期欣赏。

3 选择不同乐器演奏的音乐

不同形式的乐器有不同的特质，不同性格妈妈在欣赏时也会有不同的感受，不妨根据自己的性格挑选更为"匹配"的乐器演奏的音乐。比如小提琴音色优美、音高突出，比较尖细，适合外向自信的妈妈欣赏；大提琴音色浑厚丰满，适合平和冷静的妈妈欣赏；铜管乐器(如小号、法国号等)，音色雄壮，能刺激情绪，适合开朗乐观的妈妈欣赏；木管乐器(如单簧管、巴松管等)，音质幽怨、抒情，适合文静、追求完美的妈妈欣赏。

爸爸妈妈和胎宝宝经常说说话

在胎宝宝听觉高速发展的孕6月，爸爸妈妈一定要抓住时机，注意多和宝宝聊天对话，不仅能够促进宝宝日后语言和智力的提高，也能够将父母共同的爱传递给宝宝，对宝宝的情感发育有莫大的帮助，宝宝出生后往往情绪更加稳定，在语言、认知、行为等方面的发展也会较快。

1. 和宝宝说话的内容

爸爸妈妈不用绞尽脑汁去想话题，完全可以想到什么说什么，只要内容健康，不太复杂，就可以和宝宝聊一聊，比如天气情况、外出的所见所闻、阅读后的心得体会等等。觉得好的话语还可以多次重复，以加深宝宝的记忆。

另外，爸爸妈妈还可以给胎宝宝讲童话故事或者念儿歌。童话故事语言生动富有童趣，能让胎宝宝感受到幸福和快乐的氛围。儿歌童谣极富韵律感，重复念诵能够使胎宝宝加深印象。在胎动明显，胎宝宝醒着的时候，还可以尝试着教他一些基本的单字、数字、常识知识等，总之，要让胎宝宝时刻感受到爸爸妈妈在和他做交流。

2.　要顾及自己的言行

　　有些爸爸妈妈在日常对话中常常会忽略胎宝宝的存在，做出不合适的言行，比如高声喧哗、吵闹、说脏话等，这样对胎教是极为不利的。胎宝宝虽然听不懂爸爸妈妈说话的内容，但却能够靠听觉来感受外界的声音和语调，对此爸爸妈妈应该引起足够的重视，不要总觉得胎宝宝什么都不懂就可以随心所欲地说话，要把胎宝宝当作真正的家庭成员，多给宝宝一些有利的语言刺激，而且平时要尽量维持正常的语调，不要大吵大闹。

3.　随时随地开始对话

　　和胎宝宝说话不用太过拘泥于固定的时间，可以随时随地进行。早晨起床时可以和胎宝宝打招呼，晚上睡觉前可以和宝宝道别。外出的时候告诉宝宝自己穿的衣服的样式、颜色，进餐的时候给宝宝介绍一下当天的饭菜，在做家务的时候也可以边劳动边轻抚腹部，对胎宝宝讲讲家里的环境和布置。只要爸爸妈妈觉得宝宝会喜欢听，那么就可以让这种快乐继续，但也不要勉强自己一直不停地说，这样会让人疲倦，也降低了对话的乐趣。

抚摸胎教要根据胎动来做

　　孕6月起妈妈已经能够感受到比较频繁的胎动，规律、有节奏的胎动表明胎宝宝正在子宫内健康地生长。而这个月的抚摸胎教也根据胎动的时间和频率来合理安排，不仅能够更好地与胎宝宝进行互动，激起宝宝活动的积极性，促进运动神经的发育，而且还能让宝宝感受到父母的关爱，有助于增进亲子感情。

1 在胎宝宝胎动活跃的时候抚摸

胎动一般在晚上8点到凌晨1点之间最为活跃，此时胎宝宝在子宫内是苏醒的状态，会做各种各样的动作。清晨胎动一般比较少，这时胎宝宝正在子宫中安睡。爸爸妈妈可以选择在胎动活跃的时候做抚摸胎教，并形成规律，和胎宝宝休息、苏醒的时间相呼应，这样也有助于让胎宝宝养成规律的生活习惯。

在做抚摸胎教的时候，可以和语言胎教、音乐胎教等多种手段结合，每次做5~10分钟，并注意观察胎宝宝的反应，只能在宝宝胎动正常、不抗拒的情况下进行。

2 本月可以开始推动抚摸

孕6月后期，除了可以继续进行之前的抚摸胎教手法外，妈妈还可以做推动抚摸的练习。妈妈应在医生的指导下，从腹部找到胎宝宝的头、背的位置，然后在做抚摸胎教时先来回抚摸、轻拍，再用手温柔地"推动"胎宝宝，从头部开始，沿着背部轻推，让宝宝在子宫内"散步"。

这种推动练习的手法一定要轻而柔和，切勿用力过度，否则可能会造成腹痛、宫缩，严重时可引发早产。抚摸的时间不宜过长，5分钟左右即可。如果发现胎宝宝有用力蹬腿或扭动抗拒的情况，就要马上停止推动，并注意观察胎动的规律，发现胎动异常要立即入院检查。

3 宝宝胎动时给以抚摸的回应

爸爸妈妈可以根据宝宝胎动的不同动作和部位给予及时的回应，达到与胎宝宝身心的共鸣互动。比如，胎宝宝做翻身动作时，一般持续时间较长，可达20秒钟以上，妈妈会觉得腹中有翻滚、牵拉的感觉，这时可以轻轻抚摸腹部，对宝宝说："宝贝，你在做运动吗？"又如宝宝用小手、小脚击打子宫，妈妈可以感到腹部相应位置拱起、颤动，就可以在胎动的位置轻轻地要用指尖弹一下，好像在和宝宝做游戏，这样有助于建立起最初的亲子关系。

"明暗交替"能促进胎宝宝的视觉发育

胎宝宝的视觉发育比其他感觉功能要晚，一般孕7月才能感知外界的视觉刺激。为此，**孕6月可以开始定期对胎宝宝进行光照胎教，以刺激胎宝宝的大脑视觉中枢神经细胞，促进胎宝宝视觉功能的建立和发育，常做这类胎教，宝宝出生后往往有更敏锐的视觉，而且智力、专注力、记忆力也能较快发展。**

爸爸可以每天用小手电筒微光档或其他弱光源对着妈妈腹壁，照射胎头部位，时间不宜过长，每次不能超过5分钟。结束时，可以反复关闭、开启手电筒数次，对胎宝宝进行明暗交替的视觉刺激，但切记不可用强光档照射，以免造成过度刺激造成视网膜脱落，视神经受损。除了手电筒以外，也可以选择别的光源，但一定要注意光色必须柔和，光强度不可过强，目前最安全的选择是黄光。黄光属于暖色调光，能使胎宝宝产生愉悦感，而且黄光具有散射作用，不会对胎宝宝产生过度刺激。

需要提醒的是，做这类光照胎教要选择在胎宝宝醒来有胎动的时候进行，而不要在胎宝宝睡着的时候进行，以便妈妈随时观察胎宝宝的反应。在胎教过程中，妈妈应注意感受胎宝宝的胎动，可以观察一下胎动的次数和幅度，如果胎动次数有异常的增加或减少，胎动幅度过大，可能表示胎宝宝并不喜欢这种胎教方式。如果胎动规律正常，则可以继续训练，并且把每次训练的时间和胎动的变化情况详细地记录下来，进行对比，看看胎宝宝对这种刺激是否已经开始出现了规律的反应。这样也有助于胎宝宝形成良好的昼夜节律，在今后养成良好的作息习惯。

时常在脑海中勾勒胎宝宝的样子

在有胎动以后，妈妈可以经常构想一下胎宝宝的形象。因为妈妈与胎宝宝在心理和生理上有着千丝万缕的联系，妈妈的想象能够通过意念影响到胎宝宝的身心发育和成长。如果妈妈正在做着美好的构想，情绪轻松愉悦，可促进体内良性激素分泌，对于胎宝宝各器官发育、形体、外貌形成都能产生良好的刺激。在我们日常生活中看到不少相貌平平的父母却能生出非常漂亮的宝宝，这与怀孕时妈妈经常在脑海中美化宝宝的形象是有一定关系的。

1 具体形象地描绘胎宝宝的样子

不要用"宝宝一定很漂亮、很帅气"这样笼统的语言来塑造胎宝宝的形象，而是要像画像一样，让宝宝的形象变得生动具体。如果觉得没有头绪的话，可以多看一些可爱的宝宝照片、画片来帮助想象，并反复进行心理强化，在心中默默告诉宝宝"这就是你的样子"，由此对胎宝宝进行美的熏陶，起到潜移默化的胎教作用。妈妈还可以适当接触一些邻居家的小朋友，看看他们嬉戏玩耍时的模样，听听他们的清脆悦耳的笑声，并和宝宝进行"思维沟通"，让宝宝充分感受美好的事物。在这个过程中，妈妈要注意仔细体会胎宝宝的胎动反应，也有利于母子情感的交流与互动。

2 把宝宝的样子画下来

妈妈可以怀着美好的想象，把心中最理想的宝宝的样子画在纸上。最好能够先观察一下夫妻双方的面貌优点，把觉得最好的部分加以组合，画成宝宝的形象。比如，爸爸的浓眉大眼，妈妈的樱桃小口等。这样的想象虽然不一定能够实现，但爸爸妈妈的爱和美好的期待却会转化渗透在胎宝宝的身心感受之中，影响着宝宝的成长过程。

妈妈可以选择有胎动的时候，一边画一边轻轻抚摸肚皮温柔地对宝宝说"这是你的小鼻子，像爸爸一样又高又挺""这是你的眼睛，像妈妈一样是双眼皮"等等。宝宝一定也能感受到妈妈的期待和浓浓的爱意。

3 经常坚持做美好的构想

对于胎宝宝的构想要坚持去做，哪怕妈妈每天闲暇时间较少，也要抽出时间和胎宝宝"意念交流"，即使只有短短的10分钟，但只有不间断地坚持去做，才能不断积累，从而对胎宝宝产生比较显著的影响。

如果因为缺乏耐心，三天打鱼两天晒网，那么这种胎教的效果就可想而知了。

4　不要有心理负担

人的思维毕竟是非常活跃的，有时构想宝宝的形象时难免走神，这是正常现象，妈妈不要急躁紧张，千万不能强迫自己必须集中注意力，结果反而产生了心理负担，也失去了做胎教的乐趣。正确的做法是顺其自然，有意无意地将意念收回来，如果今天实在不在状态，注意力难以集中，也可以对胎宝宝道歉，待情绪放松、心情舒适的时候再继续做意念的胎教。

和胎宝宝猜谜语

猜谜语是一种非常有趣的脑力活动。妈妈在孕期猜谜语，能够增益智力、陶冶情操、涵养身心。在有胎动的时候还可以和胎宝宝一起猜谜语，能够把智慧的思维方法传递给宝宝，对宝宝的语言能力、想象能力的发展都能打下基础，而且母子交流的温馨和乐趣也能让宝宝在妈妈腹中感到安定和欢愉。

1　和胎宝宝猜谜语的做法

在有胎动的时候，可以先和胎宝宝打招呼，简单地交流几句，再告诉宝宝："宝贝，今天和妈妈一起猜谜语吧。"然后拿出准备好的谜语，先用清楚、柔和的声音将谜面读给胎宝宝听，可以多读几遍。然后妈妈自己先分析谜面，做出判断，说出谜底，再对照标准答案看看是否猜对了。之后妈妈可以给宝宝讲一样自己是怎么猜的，这个过程一定不能省略，不能直接点出谜底，否则就达不到刺激胎宝宝智力发育的目的了。

2　选择通俗易猜的谜语

谜语的种类很多，字谜、文义迷等难度较大，也不太好理解，不适合和胎宝宝一起猜。妈妈可以多选择一些猜动物、植物、日常用品等的谜语，这类谜语的谜面往往非常浅显易懂，还常常采用朗朗上口的童谣的形式，可以给胎宝宝以多方面的教育。比如"五个兄弟，住在一起，名字不同，高矮不齐。（打一人体器官，答案：手指）"，"沟里走，沟里串。背了针，忘了线。（打一动物名，答案：刺猬）"。

妈妈引导胎宝宝猜谜语的时候时，除了用安静、柔和的声音给宝宝描述谜面之外，还可以拿出画有相关动物、植物、日常用品的图片来配合胎教。

3　猜不到也不要过于执着

猜谜语被称为智力的体操，很多谜语还是具有一定难度的，妈妈如果猜中时固然会有一种胜利的喜悦，但没猜中也不要沮丧，不要过于执着地绞尽脑汁去思考，反而会影响心情。妈妈可以先看看答案，会有一种恍然大悟的感觉。这也是猜谜语的一种乐趣，可以把这乐趣和胎宝宝一起分享。

手工编织培养胎宝宝的思维能力

距离宝宝降生的日子越来越近了，妈妈有闲暇时间的话，不妨坐下来为宝宝编织一件毛衣、一条线裤、一副手套等等。在编织的过程中，妈妈双手同时协调活动，灵敏的动作能够锻炼脑细胞；选材、配色、构图的过程也可锻炼思维能力，并能使腹中胎宝宝不断接受良好的刺激，促使大脑神经和细胞的发育，可以为宝宝以后的智力和精细动作发展打下基础。不仅如此，编织还能缓解压力，排遣烦恼，色彩斑斓的编织作品也会让妈妈产生愉快、乐观的好情绪，对胎宝宝的健康成长发育有莫大的好处。

1. 手工编织的款式和图案

可由妈妈随心所欲去安排，如果没有经验，可以购买编织教材，按照书本上的指示一步一步地学习，也可以请教朋友或长辈，先从基本的上下针、起针、加针、缩针等学起，待基本功熟练掌握后，再学复杂的花纹打法，直到熟能生巧，加入自己的审美和创造，为宝宝编出充满妈妈爱心的编织作品。

需要注意的是，妈妈在设计图案时不要为了美观而加入亮片、纽扣、拉链等元素，这样很容易划伤宝宝的皮肤，或脱落被宝宝误食引起危险。

2. 手工编织的材料选择

在挑选编织用的毛线时要考虑到是否会对宝宝柔嫩的肌肤造成损害，最好购买质量好的正品儿童专用毛线，编织出的毛衣、毛裤等会有质地柔软、透气吸湿，不刺激皮肤的特点，宝宝穿着会感觉舒服。最好不要选择含马海毛、兔毛的毛线，这样的毛线容易脱毛，妈妈编织时会容易吸入呼吸道，对健康不利，宝宝穿上这样的毛衣裤也容易引起肺部疾病等。

至于编织用针要注意不宜用铝制的彩色金属针，在编制过程中针容易掉色，污染毛线，而且也会将有害物质留在毛线中，可能对宝宝产生危害。所以最好选择不掉色不变形的不锈钢针。

运动胎教

腰背肌肉运动

胎教效果 这个练习能够增强腰背的肌肉强度与耐力，缓解孕期腰背部酸痛不适。妈妈有节奏地轻轻摆动身体，对胎宝宝也能起到抚慰的作用，可让胎宝宝感觉安定、愉快。

运动次数 5~6次

辅助用具 瑜伽垫

完整动作

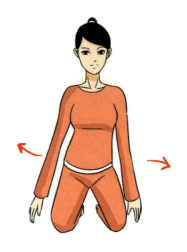

1 跪在瑜伽垫上，双腿并拢，目视前方。双臂自然下垂在身体两侧，轻轻按在瑜伽垫上。同时保持均匀的呼吸。

2 保持上身稳定不动，轻轻向左右两边摆动腰部，感觉背部和腰部两侧的肌肉有稍稍拉紧的感觉。

贴心小提醒 这个练习适合在怀孕6个月后开始做，注意摆动的幅度和力度不要太大，动作一定要轻柔，腹部要尽量放松，以免伤害胎宝宝。

跪姿拉伸运动

胎教效果 这个练习能够锻炼腰部、背部、颈部等处的肌肉，缓解孕期腰酸背痛、颈部酸痛，让妈妈感觉舒适、放松，也有助于胎宝宝的健康成长。

运动次数 5~6次

辅助用具 瑜伽垫

完整动作

1　跪在瑜伽垫上，双腿分开，全身放松。

2　吸气，向前俯身弓腰。呼气，双臂下伸，用双手扶地支撑身体，两条手臂与大腿平行。保持10秒。

3　慢慢低头，至颈部有拉伸的感觉。保持10秒。

4　慢慢抬头，身体缓缓恢复最初的跪姿，整个过程中背部肌肉有拉伸的感觉。

贴心小提醒　如果妈妈向下弯身和起身感觉有困难，可以在爸爸的帮助下完成
这组动作，切忌单人勉强练习，以免发生危险。并且练习时一定
要注意动作轻柔缓慢，充分放松腹部，避免伤害胎宝宝。如果妈
妈有血压不稳、眩晕等症，向下弯身不宜坚持太久。

卧姿摇摆运动

胎教效果　这个练习能够增强妈妈腹部、背部及骨
盆肌肉的张力，有助于适应增大的子宫
对身体造成的负担，从而能够更好地保
护胎宝宝的成长。

运动次数　5～6次

辅助用具　瑜伽垫

完整动作

1　仰卧在瑜伽垫上，双腿并拢，屈膝，双脚平放在瑜伽
垫上。双手自然放在身体两侧，保持均匀的呼吸。

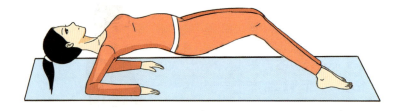

2　屈肘，双手撑垫，利用双脚和手臂的力量轻轻抬高背
部。保持10秒。再恢复原来的卧姿。

贴心小提醒 怀孕6个月后开始做这个练习，注意动作的幅度和力度，避免让腹部过度绷紧，以免引起宫缩。

抬腿练习

胎教效果 这个练习能够改善腿部血液循环，缓解腿部、脚部浮肿、发沉、发酸，并可预防下肢静脉曲张等。

运动次数 5~6次

辅助用具 瑜伽垫

完整动作

1 仰卧在瑜伽垫上，屈膝，右腿伸直并向上举，脚尖向下绷直，保持5秒。

2 脚尖放松，慢慢将右腿放下，恢复最初的卧姿，休息5秒后换左腿进行。

贴心小提醒 妈妈可以根据自己的身体情况做这个练习，腿部上举到力所能及的高度即可，不用举得过高。练习的时候注意保护腹部，避免压迫到腹中的胎宝宝。

胎教音乐

《摇篮曲》

胎教效果

德国作曲家勃拉姆斯的作品《摇篮曲》曲调平缓、优美动人，充满了母爱的无限温情，经常收听，不仅有利于妈妈的身心愉悦，还对胎宝宝听觉的发展有好处。

贴心小提醒

可以在晚上临睡前听这首曲子，可以通过音响设备直接播放，注意应距离妈妈1米以上距离，音量在65~70分贝为宜。也可以由妈妈轻声哼唱给胎宝宝听，唱的时候注意保持心情愉悦、平和。

《降E大调夜曲》

胎教效果

肖邦的这首夜曲带有一种梦幻般的美感、饱含诗意，妈妈倾听能够缓解压力，改善情绪，也能让胎宝宝感受到安宁的氛围，有助于缓解胎动不安。

贴心小提醒

妈妈可以选择在心绪平和的时候欣赏乐曲，可以一边倾听一边做意念胎教，在脑海中想象一幅美妙的夜景画面"天空中点缀着闪闪繁星，幽静的树林中散发着花儿的芬芳，远处传来夜莺鸟清脆婉转的歌声"。

《鳟鱼》

胎教效果

舒伯特的这首乐曲旋律轻快，音乐节奏和妈妈的心跳旋律相近，能够对胎宝宝产生安抚的作用。

贴心小提醒

这首乐曲有很多版本的演绎，适合胎宝宝听的是大提琴与钢琴的演奏版本，妈妈在倾听时可以想象一下鳟鱼在清澈的溪水中自在地游来游去的情景，并和胎宝宝进行"交流"，胎教效果更佳。

《爱之梦》

胎教效果

匈牙利作曲家李斯特的钢琴曲《爱之梦》，旋律婉转优美、恬静柔和，可带给妈妈美的享受。梦幻般美妙的音波对胎宝宝听神经器官能够产生良好的刺激，对于脑细胞发育也有促进，有助于宝宝听觉和智力的提高。

贴心小提醒

听音乐时，妈妈要全身放松，最好躺在或靠在舒适的沙发或摇椅上，把手放在腹部注意胎宝宝的活动，同时聆听室内音响播放的音乐。听的时候尽量忘却令人烦恼的事情，保持思绪集中，有助于更好地进入音乐境界。

《雪绒花》

胎教效果

这首歌曲是美国电影《音乐之声》的插曲，旋律优雅恬静、节奏舒缓深情，能够将平静、愉悦的氛围带给妈妈和胎宝宝，歌曲中传达出的勇敢、顽强的雪绒花的精神也能让妈妈和胎宝宝受到鼓舞和感染。

贴心小提醒

妈妈可以用音响设备播放这首歌曲，和胎宝宝一起欣赏。也可以把这首歌曲作为英文胎教的素材，妈妈可以为宝宝朗读英文歌词，并把意思解释给宝宝听，然后妈妈用英文哼唱这首歌曲，唱的时候一定要注意饱含感情。

胎教名画

《林边野花》

胎教效果

俄国画家希施金的这幅作品描绘了树林边的野花静静盛开的画面，整幅图像洋溢着生机和活力，可使妈妈感到欢欣、愉悦，也能使妈妈提高美学修养，获得美的享受，从而使腹内的胎宝宝受到熏陶。

贴心小提醒

欣赏这幅名画需要保持内心的宁静，妈妈可以在晚上临睡前静静欣赏，并可以利用讲述画面内容和自己感悟的方法，来对宝宝进行美术胎教和艺术胎教："宝宝，妈妈正在看这张名画，画上画的是……"。

《虾趣》

胎教效果

齐白石笔下的虾的形态活泼、充满生命力，欣赏这幅作品，妈妈能够感受到老画家乐观、自足、童心不老的精神，并可使胎宝宝受到感染，感受到妈妈放松、舒畅的情绪。

贴心小提醒

妈妈可以一边欣赏这幅画一边对胎宝宝进行语言胎教，比如可以问宝宝："齐白石爷爷的虾好看吗？有几只虾呢，它们都是一样的吗？"然后指着图画将自己的看法和感悟——讲给胎宝宝听。

胎教诗歌

《咏柳》

胎教效果

唐代贺知章的这首七言绝句清新优美，浅显易懂，比喻生动，色彩美妙，作为胎教的素材，能够对胎宝宝的听觉、视觉给以良性刺激，并可培养胎宝宝对语言文字的兴趣。

诗歌原文

碧玉妆成一树高，万条垂下绿丝绦。
不知细叶谁裁出，二月春风似剪刀。

贴心小提醒

胎教时可以结合简笔画，在纸上描绘出柳树、柳叶的颜色、形态，并且一边画一边给胎宝宝做生动的讲解，使认识更加直观。

《相思》

胎教效果

唐代王维的这首古诗语言朴素形象，情感委婉动人，特别是设问的口吻会让妈妈产生一种亲切之感，能够体会到诗中的情思，对于腹中胎宝宝的情感发育也是有好处的。

诗歌原文

红豆生南国，春来发几枝。
愿君多采撷，此物最相思。

贴心小提醒

读这首古诗的时候，妈妈可以在脑海中想象一幅这样的画面让胎宝宝"欣赏"：晴朗的秋天，漫步在一片树林中，抬头便可望见那一颗颗红得透亮、晶莹如珠的红豆结在枝上。

胎教儿歌

《小雨点》

胎教效果

　　这首儿歌篇幅短小，读起来朗朗上口，优美的音韵可以直接刺激胎宝宝的听觉器官，传入神经及大脑，促进大脑发育，可为宝宝培养音乐爱好，并为开发想象力打下基础。

儿歌歌词

　　小雨点，沙沙沙，落在花园里，花儿乐得张嘴巴。
　　小雨点，沙沙沙，落在鱼池里，鱼儿乐得摇尾巴。
　　小雨点，沙沙沙，落在田野里，苗儿乐得向上拔。

贴心小提醒

　　妈妈不要只是单纯地念儿歌，而是要把每一句都细细地讲给胎宝宝听，并拿出色彩丰富的画片，把儿歌中的"花儿""鱼儿""苗儿"等内容视觉化教给胎宝宝。

《采蘑菇的小姑娘》

胎教效果

　　这首妈妈耳熟能详的儿歌节奏欢快，歌词朴实清新，能够让妈妈放松心情、舒缓神经，也能让胎宝宝感受到快乐、活泼的音乐氛围。在妈妈引导下，采蘑菇小姑娘勤劳、大方的性格也会对胎宝宝性格的养成起到积极作用。

儿歌歌词

　　采蘑菇的小姑娘，背着一个大竹筐，清早光着小脚丫，
　　走遍森林和山冈。
　　她采的蘑菇最多，多得像那星星数不清。
　　她采的蘑菇最大，大得像那小伞装满筐。

　　噻箩箩哩噻箩箩哩噻
　　噻箩箩哩噻箩箩哩噻

噻笋笋笋噻笋笋笋笋噻笋笋笋噻笋笋笋笋哩噻

谁不知这山里的蘑菇香，她却不肯尝一尝，攒到赶集的那一天，赶快背到集市上。

换上一把小镰刀，再换上几块棒棒糖，和那小伙伴一起，把劳动的幸福来分享。

噻笋笋哩噻笋笋哩噻
噻笋笋哩噻笋笋哩噻
噻笋笋笋噻笋笋笋噻笋笋笋噻笋笋笋噻笋笋笋

贴心小提醒

妈妈可以先练练发音，自己先熟练地唱这首歌，再唱给宝宝听。在唱的时候可以发挥一下想象力，想象腹中的胎宝宝也在随着音律和谐地唱起来。

胎教影片

《悬崖上的金鱼姬》

胎教效果

日本导演宫崎骏的这部动画电影富有想象力，充满真挚的感情，在观看时能够让妈妈产生温馨美好的感觉，片中传达出的乐观、善良、友爱等精神可由妈妈传递给胎宝宝，让宝宝感受到新生世界的美好与善意，形成积极正向的性格。

影片简介

在海洋深处有一条红色小金鱼，她被爸爸——一位魔法师关在家里不能外出。有一天，小金鱼悄悄溜走，却被潮水冲进了一只玻璃瓶，无法脱身。幸好，住在海边悬崖上的小男孩宗介救了她，还给她起了个名字叫波妞。

波妞和宗杰成了好朋友，可是没过多久，波妞的爸爸就找到了他们，把波妞带回了海里。气愤的波妞无意之中打开了生命之水，长出了手和脚，变成了人形。她乘着风浪来到了陆地上，找到了宗介，两个好朋友幸福地拥抱在一起。

可是海洋也变得狂暴不安，暴风雨淹没了海岸城市，人们被迫坐上救生船寻找避难所。波妞和宗介也划着一条被施过魔法的玩具船在海水上漂泊，去寻找宗介的妈妈。

幸好这时波妞的母亲——海洋之母出现了，她让一切恢复了原状，并教给宗介一个让波妞变成人类的办法。

最后，大家回到了陆地上，波妞亲吻了宗介，终于变成了一个小女孩。

贴心小提醒

这部动画片片长较长，妈妈可以分成几次看完，最好不要久坐不动观看，以免影响下肢血脉流通，引起不适。在观看时要注意音量不可过大，特别是暴风雨来临的一节音量宜降低，以免对胎宝宝听觉造成不良刺激。

胎教故事

《孔融让梨》

【胎教效果】

孔融让梨的故事可谓是家喻户晓，表现了孔融尊敬长辈、谦恭礼让的好品德，妈妈现在重温这个故事，也能够将美好的品德传递给胎宝宝。

孔融有五个哥哥，一个弟弟。在几个孩子中，孔融不仅很聪明勤奋，还特别有礼貌，做事懂得谦让，所以大家都很喜欢他。

有一次，父亲的朋友带了一些香梨来拜访。母亲把孩子们都叫来，让他们自己挑梨吃。父亲说："让孔融给大家分吧。"孔融就站起来，拿了三个大梨，分别给了客人和父亲、母亲，然后又拿一些比较大的梨，一个一个分给了哥哥和弟弟们。最后，孔融挑了一个最小的梨，留给自己。

父亲看见了，心里很高兴，但还是问孔融："你怎么不先拿个大梨，反而拿最小的呢？"

孔融恭敬地回答："我年纪小，应该吃小梨。"

一旁的客人忍不住问："可是你弟弟比你还小，你怎么也给他拿了大梨呢？"

孔融说："我是哥哥，应该照顾弟弟，给他吃大梨。"

听了孔融的回答，父亲笑着连连点头，客人也夸赞道："孔融真是一个懂得谦让的好孩子。"

先给胎宝宝读完这个故事，再和宝宝进行对话，可以这样说："宝贝，爸爸妈妈希望你将来做一个像孔融这样的小朋友，从小懂得礼让，学会把好东西和大家一起分享，这样大家都会喜欢你哦。"

《凿壁借光》

匡衡在极其艰苦的条件下，克服困难，顽强学习的精神是胎教时要传递给胎宝宝的重要财富，让宝宝受到潜移默化的感染，对宝宝未来的学习和进步也能起到激励的作用。

古时候，有个农村孩子叫匡衡，他家里很穷，没有办法供他上学读书，可是匡衡非常好学，不放过任何一个可以学到知识的机会。他跟着亲戚学会了认字，之后，就爱上了读书。

村里有个大户人家，家里有许多藏书。匡衡上门去借，可是那家的主人说："这些书都是祖先传下来的，非常珍贵，不能随便借给你。"匡衡就鞠了一躬，非常恳切地请求道："我可以帮您家做农活，我不要一分钱，只要把书借给我看就可以了。而且，我会非常爱惜这些书的，绝对不会有一点损坏。"

主人被打动了，同意了匡衡的请求。于是，匡衡每天白天都去帮那家干活，到了黄昏时分，就高高兴兴地拿着一本书回家。

可是天黑得很快，要看清书上的字就要点油灯，但是匡衡家连吃饭都缺油，哪有闲钱来点灯呢？匡衡只好凑到窗边，借着月光勉强读书。

有一天晚上，匡衡注意到隔壁的缝隙里有一点光亮，原来，邻居家每天晚上都会点很长时间的灯。匡衡灵机一动，就用小刀轻轻地把墙缝加宽加大，挖成了一个小洞，这样透过来的光亮就更多了，差不多能看清书上的字了。

用这种办法，匡衡一本接一本，读完了很多经典书籍。又靠着这种刻苦的精神，最终成了一位大学问家。

在讲故事时可以配合抚摸胎教同时进行，一边和宝宝进行触觉沟通，一边用温和的语气教育宝宝："将来我们也要像这个大哥哥一样，刻苦学习，这样才能够取得好的成就。"

《铁杵磨成针》

【胎教效果】

这个故事出自宋代祝穆的《方舆胜览·眉州·磨针溪》，有趣的故事蕴含了深刻的道理，对妈妈是有启发的，能够鼓舞妈妈的信心和勇气，勇敢面对孕晚期遇到的各种问题。也能把一种奋发努力的精神传递给胎宝宝，对于宝宝将来的性格养成是有好处的。

【故事正文】

唐朝大诗人李白，小时候是一个非常贪玩的孩子，经常逃学，不喜欢读书。

有一天，李白趁老师不注意，悄悄从后门溜走了。他到处闲逛，来到了附近的一座小山前。那里有一间茅屋，门口有个老奶奶拿着一根很粗的铁杵，费力地在石头上磨呀磨呀，累得满头大汗。

李白觉得很奇怪，上前问："老奶奶，您磨铁杵做什么呀？"

老奶奶擦了把汗，笑着说："我的绣花针用完了，我想把铁杵磨成针。"李白吃惊地张大了嘴："啊？铁杵这么粗，绣花针这么细，怎么能磨得成呢？"老奶奶笑呵呵地说："我每天都磨，不怕辛苦，只要肯下功夫，还怕磨不成针吗？"

李白听了老奶奶的话很受启发，他想到自己的所作所为，觉得非常惭愧，马上转身跑回了书屋。从此，他把"只要功夫深，铁杵磨成针"的道理牢牢记在心里，努力用功，从不间断，最终学得满腹经纶，成了名垂千古的"诗仙"。

【贴心小提醒】

爸爸妈妈可以结合童书绘本给胎宝宝讲述这个故事，并且可以对胎宝宝寄予这样的祝福："宝贝，爸爸妈妈希望你以后也像李白哥哥这样，发奋图强，不要畏惧困难，要懂得迎难而上。爸爸妈妈相信你不会辜负我们对你的期望！"

胎教古文

《桃花源记》

胎教效果

晋代文学家陶渊明所作的这篇古文描绘了一个世外桃源，那里的人们过着安宁和乐的生活，令人向往，妈妈品读时可以获得愉悦美好的感受，并可将其传递给胎宝宝，让宝宝感受到美好生活氛围，得到文学艺术的熏陶。

古文原文

晋太元中，武陵人捕鱼为业。缘溪行，忘路之远近。忽逢桃花林，夹岸数百步，中无杂树，芳草鲜美，落英缤纷，渔人甚异之。复前行，欲穷其林。

林尽水源，便得一山，山有小口，仿佛若有光。便舍船，从口入。初极狭，才通人。复行数十步，豁然开朗。土地平旷，屋舍俨然，有良田美池桑竹之属。阡陌交通，鸡犬相闻。其中往来种作，男女衣着，悉如外人。黄发垂髫，并怡然自乐。

见渔人，乃大惊，问所从来。具答之。便要还家，设酒杀鸡作食。村中闻有此人，咸来问讯。自云先世避秦时乱，率妻子邑人来此绝境，不复出焉，遂与外人间隔。问今是何世，乃不知有汉，无论魏晋。此人一一为具言所闻，皆叹惋。余人各复延至其家，皆出酒食。停数日，辞去。此中人语云："不足为外人道也。"

既出，得其船，便扶向路，处处志之。及郡下，诣太守，说如此。太守即遣人随其往，寻向所志，遂迷，不复得路。

南阳刘子骥，高尚士也，闻之，欣然规往。未果，寻病终，后遂无问津者。

贴心小提醒

有感情地朗读这篇古文，在朗读时脑海中可以勾画一幅"芳草鲜美，落英缤纷"的桃花林图画。读完之后可以再用自己的话把这个故事讲给胎宝宝听，如果有不理解的地方可以先查看工具书，和胎宝宝一起学习。

胎教散文

《孩童之道》

胎教效果

　　泰戈尔的这篇散文蕴含丰富、感情真挚，塑造了一个迷人的儿童世界，能够打动心灵，也能够激发妈妈灵魂深处最深沉的母爱，胎宝宝感受到妈妈的疼爱，会感到安定和愉快，也有助于亲子关系的培养和维系。

　　只要孩子愿意，他此刻便可飞上天去。

　　他所以不离开我们，并不是没有缘故。

　　他爱把他的头倚在妈妈的胸间，他即使是一刻不见她，也是不行的。

　　孩子知道各式各样的聪明话，虽然世间的人很少懂得这些话的意义。

　　他所以不想说，并不是没有缘故。

　　他所要做的一件事，就是要学习从妈妈的嘴唇里说出来的话。那就是他所以看来这样天真的缘故。

散文原文

　　孩子有成堆的黄金与珠子，但他到这个世界上来，却像一个乞丐。

　　他所以这样假装了来，并不是没有缘故。

　　这个可爱的小小的裸着身体的乞丐，所以假装着完全无助的样子，便是想要乞求妈妈的爱的财富。

　　孩子在纤小的新月的世界里，是一切束缚都没有的。

　　他所以放弃了他的自由，并不是没有缘故。

　　他知道有无穷的快乐藏在妈妈的心的小小一隅里，被妈妈亲爱的手臂所拥抱，其甜美远胜过自由。

　　孩子永不知道如何哭泣。他所住的是完全的乐土。

他所以要流泪，并不是没有缘故。

虽然他用了可爱的脸儿上的微笑，引逗得他妈妈的热切的心向着他，然而他的因为细故而发的小小的哭声，却编成了怜与爱的双重约束的带子。

**贴心
小提醒**

妈妈可以有感情地朗读或默读这篇散文，同时想象诗中描写的可爱的孩子的画面，并用自己的语言把所感所想描述给胎宝宝听："这是一个快乐幸福的孩子，他拥有人世间最宝贵的财富——母爱；他也是一个善良的孩子，他为了让妈妈快乐，放弃了'自由'"。最后，妈妈不要忘记对宝宝说"我爱你"哦。

本月贴士：时刻注意妊高征

妊高征，就是妊娠高血压综合征的简称，也叫妊娠中毒症、先兆子痫等，是怀孕期间容易出现的疾病，一般在怀孕24周以后比较常见，表现为高血压、水肿、蛋白尿等。如果准妈妈连续几次测量血压都不正常，且高于140／90毫米汞柱，就要考虑患孕期高血压综合征的可能。

对于这种疾病，准妈妈绝对不能掉以轻心，它可能引起头痛、头晕、眼花、胸闷、烦躁等症状。有的还可能发生抽风，即为发生子痫，若不及时治疗，准妈妈、产妇可发生心力衰竭、肾功能衰退、脑出血、肝肾损害等，更可能引起早产、死胎、新生儿窒息和死亡等，非常危险，因此要注意防治。

引起孕期高血压综合征的原因有很多，如果妈妈有羊水过多、贫血、肥胖、营养不良等问题，或者孕前就患有高血压、慢性肾炎、糖尿病等，一定要特别注意预防妊高征，做好产前检查，孕20周以后每周都要注意观察血压、体重、尿蛋白含量的变化。

另外，日常生活中要注意加强营养、放松心情和保持充分的睡眠。饮食上特别是蛋白质、多种维生素、叶酸、铁剂都要注意补充，可以多吃些鱼类、蛋类、奶类食品和新鲜的蔬菜水果，而钠盐的摄入则要限制在每天3克左右，要尽量少吃含盐量高的食物如腌制品、咸菜、酱菜等，对预防妊高征有一定作用。

Chapter

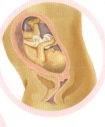

孕7月
胎教
"关键月"

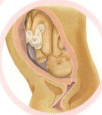

妈妈和胎宝宝有什么变化

1. 孕7月胎宝宝的生长和发育情况

怀孕第7个月，胎宝宝的大脑皮层和感觉系统更加发达，脑组织快速增长，对外界刺激能做出一定反应，眼睛能够睁开或闭上，有时还会吮吸手指，胎动比较频繁，力度和幅度也更大了，妈妈可以通过抚摸腹部等多种方式与胎宝宝进行交流；这时胎宝宝的容貌也越来越清晰，但是皮下脂肪还不充足，脸上会有很多皱纹；这个阶段胎宝宝的身长能达到38厘米左右，体重能达到1000克上下，几乎已经快占满整个子宫空间了。这个时候要注意避免早产，因为此时胎宝宝的呼吸系统尚未发育完全，吸乳的力量也不充分，出生后存活比较困难。

2. 孕7月妈妈的身体变化情况

怀孕第7个月，开始进入孕晚期，妈妈体重迅速增加，每周可增加500克，行动越来越不便，容易感到疲劳，浮肿、痔疮等多种不适可能会继续加重：

腰背、坐骨神经疼痛　　胎宝宝迅速增加的重量会给妈妈的腰背部增加压力，并且挤压坐骨神经，使妈妈产生比较强烈的疼痛感。对此妈妈可以选择自己感觉舒适的体位睡眠和休息，同时要避免长时间站立或步行。

出现妊娠纹　　妈妈腹部不断膨大，会撑开皮下组织，使皮肤中弹力纤维和胶原纤维损伤或断裂，形成暗红色的妊娠纹。这时可以涂抹一些安全无害的天然护肤品让妊娠纹不再继续加深。妊娠纹会在产后6个月逐渐变淡，但无法彻底消除。

假性宫缩　　妈妈偶尔会觉得肚子一阵阵发硬发紧，有时小腹还会有轻微疼痛感，这是假性宫缩，出现一般没有规律，只要没有明显的腹痛或阴道出血的现象，妈妈就不必过于紧张。

尿路感染

由于子宫增大压迫膀胱、输尿管扩张、尿道平滑肌松弛、孕期分泌物增多等多种原因，可能引起尿路感染，出现尿频、尿急、尿痛。对此妈妈要注意保持外阴清洁，穿棉质内裤，平时要多喝水，并最好避免性生活。

下肢静脉曲张

胎盘、胎儿、羊水对盆腔压迫加重，使下半身静脉回流受阻程度加重，可出现静脉伸长、扩张和蜿蜒屈曲，并可使便秘、痔疮加重。妈妈平时要注意休息，不要久站，并可以请爸爸或其他家人经常按摩腿部，帮助血液循环。

妈妈多做"心理体操"

由于身体不适的加重以及对未来分娩痛苦的忧虑等原因，妈妈的心情会慢慢变差，可能会经常性地感到抑郁、烦躁，心神不宁，多梦易醒，有的妈妈经常为小事痛哭、发火，已经严重影响了妈妈的身心健康，对腹中胎宝宝的健康成长也极为不利，可引起胎动不安，严重时甚至会诱发早产等。

为此，妈妈可以学几招"心理体操"减压法，调整自己的情绪，让身心逐渐恢复平和、健康的状态。

1 为宝宝准备必需品

虽然距离分娩还有一段时间，不过妈妈已经可以开始着手为宝宝和自己准备一些必需品了。如果感觉无从着手的话，可以向长辈或有经验的朋友请教。比如，新生儿的服装、纸尿裤、包被、玻璃奶瓶、奶粉，妈妈住院时要替换的衣物、拖鞋、洗漱用品等等。做这些准备可以让妈妈了解分娩的知识，因为"心里有底"而减少不必要的恐惧。而且为宝宝准备必需品，还能唤醒妈妈心中的母爱，让紧张的情绪放松。

2 适当从事少量劳动

不少家庭出于对妈妈和胎宝宝的呵护，会让妈妈停止外出工作，甚至连轻度的家务活也不让妈妈干，只让妈妈安心待产。可是妈妈却会因无所事事而更容易觉得无聊、烦闷、孤独，这对胎宝宝是非常不利的。因此如果妈妈身体条件允许的话，可以从事一些轻度、少量的工作或劳动，不仅能够改善心理状态，还能锻炼肌肉力量，对分娩也是有帮助的。

3 **用快乐的事分散注意力**

觉得心情焦虑、沮丧不安的时候，妈妈可以做一些有趣的事，转移注意力，调整情绪。比如，妈妈可以看一场轻喜剧电影或电视剧，可以听一段节奏欢快的儿童歌曲，可以看一本有趣的儿童漫画书等。另外，妈妈可以写一本关于心情的笔记，把自己每天的心理感受用笔记下来，过段时间再回顾一遍，就会发现让自己心灵受困的其实可能只是些微不足道的小事。

4 **给自己积极的心理暗示**

多用自信的语气对自己说"我很勇敢，我是一个美丽的妈妈""我的宝宝很健康、很聪明、很漂亮"这样的心理暗示语，能够改变心里的不愉快，获得愉悦的心情，也能让胎宝宝受到影响，感到安宁、快乐。

多给胎宝宝讲爸爸妈妈的自编故事

孕7月胎宝宝的听觉能力有了进一步发展，而且能对外界的声音做出反应。爸爸妈妈可以多给胎宝宝讲故事，既能促进大脑发育，又能让宝宝感受到和谐、温暖的气氛和生活的美好和快乐，有助于养成热爱生活、活泼开朗的优良性格。

不过，总是照着书本念故事可能会感到有些枯燥，爸爸妈妈不妨充分展开想象，发挥自己的文学才华，给宝宝编故事。

1. 贴近现实的素材

爸爸妈妈可以周围常见的事物或是日常生活经历为题材，自编故事讲给胎宝宝听。比如："今天下雨了，妈妈打着漂亮的小花伞，想去市场上买水果。

结果碰上了下班回来的爸爸，爸爸高兴地说：'哈哈，妈妈是不是和宝宝一起来给爸爸送伞呢？'……"想到哪里就讲到哪里，这种随意的即兴故事内容更贴切现实，也更富有乐趣，而且素材可信手拈来，爸爸妈妈不会觉得有难度。

2. 注意语言和内容的美

虽然自编故事很随意自由，但是也要注意避免使用不规范的语言，如方言、俚语、不文明用语等，这些对宝宝的语言发展会产生不良影响。而且编故事内容也要注意应是健康向上，能给予胎宝宝良性刺激的，不要讲一些可能引起宝宝恐惧、烦躁不安的故事。

3. 看图编故事

如果爸爸妈妈觉得自己实在不会天马行空地编故事，那么也可以对照图画来讲故事，比如童书绘本上的图画就可以用来编故事，爸爸妈妈注意观察图画上的小动物、小朋友是什么样子的，在做什么等等，然后就可以根据这些线索来编故事了。

4. 不做过高的要求

提倡爸爸妈妈自编故事，目的是让胎教变得更加自由和富有趣味性，而不是要让爸爸妈妈成为"故事家""故事大王"。因此不要有心理负担，也不要因为某次想不出故事或没有讲好故事而自责，自编故事不是硬性规定的任务，也没有考评的指标，爸爸妈妈可以只把它当作一项轻松可行的游戏，和胎宝宝一起度过快乐时光。

本月要时常美化居室，给母子好心情

为了缓解妈妈的不良情绪，本月可以做一下居室环境的调整和美化。生活在美好的环境中，能够让妈妈从精神上感到愉快，也可使胎宝宝受到良好的感染。

具体来说，孕晚期布置居室环境可以从以下几方面进行：

1. 注意光照和室温

可以把妈妈的卧室安排在向阳面，让妈妈能够经常接受阳光的照射，有利于钙质吸收，对胎宝宝骨骼发育也有好处，而且室内阳光明媚也能让妈妈的心情扫尽阴霾，变得开朗乐观。另外，室内的温度要注意不冷不热，最好不要高于28℃，或低于20℃，这样妈妈会觉得比较舒适。如果冬天用暖气、夏季用空调调节室温的话，要注意经常开窗通风透气。

2. 用色彩来调整情绪

居室的色彩搭配不可过杂，同一个房间内的颜色最好不要超过三种，否则会对妈妈的视觉神经造成刺激，引起过度兴奋、失眠。也不宜大量使用红色、黄色等暖色调，可能会刺激神经系统，让妈妈感觉焦虑、情绪不稳定。可以搭配使用白色、浅绿色、淡蓝色等，能够稳定情绪、消除紧张感，有助于妈妈恢复平静。

3. 合理点缀绿化物

居室内可以点缀一些小巧玲珑的绿色植物以清新空气，并给妈妈带来美好生活情趣，但是不宜栽种笨重的大盆花卉，也不宜摆放过多植物，否则夜间会放出过多二氧化碳，反而对人体健康不利。而且还要注意不可选用浓香扑鼻的花卉以及有毒性的植物如夜来香、夹竹桃等，以免对妈妈和胎宝宝造成危害。

4. 用艺术品来做装饰

将书法作品、绘画作品悬挂在室内，或摆放一些雕塑作品，不仅可以提高整个居室的品位，还能够让妈妈随时欣赏，可以提高妈妈的文化素养，陶冶情操，也可使腹中的胎宝宝得到艺术熏陶。但是要注意选用的艺术品主题应是健康向上的，能够将美和希望传递给妈妈。而那些主题比较悲伤、愤怒甚至怪异难以理解，并可能向妈妈和胎宝宝传达负面情绪的艺术品则不宜摆放。

爸爸妈妈一起来做收纳

距离小宝宝诞生的日期越来越近了，为了迎接新成员的到来，爸爸妈妈可以把家中的杂物集中一下，分门别类地收集摆放好。这样做的好处是可以让居室环境变得更加干净整齐，空间更加开阔充分，让妈妈感觉心情舒畅开朗，对胎宝宝的成长发育也有好处。而且在收纳过程中常有智慧和灵感的闪光，也可以当作是一种启发智慧的胎教方式。

1 只保留必要的物品

家中过多的杂物其实有很多是并不需要的，只是不想浪费才闲置起来占用了过多的空间，像不合身的衣物、不喜欢的礼物、坏掉的玩具等等。不妨拿出笔、纸来记录一下看看哪些东西是必要的，值得继续保留的，对于那些不必要的杂物则可以做一下分类，没有使用价值的物品可以丢弃，自己不需要但还是全新的或能够使用的物品可以送给别人，或通过二手市场等处理掉。

2 安排好固定放置的地方

将准备收纳的物品按照大小、用途大概安排好放置的位置，比如常用的钥匙、零钱、乘车卡等可以放在门口玄关的小空间里方便取用，而折叠雨伞、鞋刷、鞋油则可以和鞋子一起收进鞋柜里。有必要的话可以在装东西的抽屉、箱子外面写上名字或画上清楚的记号，就不害怕找不到了。不过收拾好后也要记得使用完毕要把东西放回原位，养成习惯后，就算无意识也会把东西收拾整齐。

3 自己来做收纳盒、收纳箱

爸爸妈妈可以发挥巧思，用各种材料如纸板、布、铁丝等来制作收纳用具。比如妈妈可以用柔软的彩色棉布包在小篮子外面，做成可爱的收纳篮，用来放置宝宝小衣物和其他用品。自制收纳用具的过程充满乐趣，能够改善妈妈的情绪，也能对胎宝宝进行美感胎教。

4 妈妈设计、爸爸执行

做收纳的时候常常需要搬动重物等，妈妈可不要轻易冒险去做，把这样的重活、累活交给爸爸就可以了。另外，像床底、门后、地下室等处尘埃、霉菌往往过多，妈妈不宜接触或作清扫类的工作，以免吸入有害物危害自身和胎宝宝的健康，所以妈妈更多的还是要多动脑发挥一下"设计师"的作用，做好规划，具体的实施则由爸爸来完成。

爸爸妈妈带着胎宝宝去听音乐会

孕7月胎宝宝的外耳、中耳、内耳基本上已经发育成熟，爸爸妈妈可以带胎宝宝一起去音乐厅欣赏一场高品质的音乐会，现场聆听音乐演奏比在家听音像制品更能激发妈妈的音乐情绪，而且优美动听的音乐氛围也能够给腹中的胎宝宝留下深刻的印象，使他意识到父母的爱和世界的美好。

1 选择音乐会的曲风类型

音乐会有多种类型，如古典、流行、舞曲、经典、校园民谣、摇滚等。在选择音乐会时，一是要符合自己的喜好，二是要避免过度刺激胎宝宝的听觉，一般选择宁静、和缓的轻音乐为宜，而一些气势磅礴雄壮的交响音乐会以及节奏过强过快的摇滚乐、舞曲音乐会则不适合妈妈欣赏。

2 听音乐会也要注意安全

在外出听音乐前，妈妈可以准备好饮用水中途少量饮用，以避免脱水。服装宜选择宽松舒适的，不宜穿高跟鞋。到达会场后，应尽量选择人少的时候入场，以避免挤压撞击腹部。

在音乐会演出途中，如果妈妈需要上洗手间，或者感到身体不适，可以向场内的服务人员举手示意，服务人员会主动提供帮助。此外，为了避免身体疲劳，听音乐会不宜超过一个小时。

听音乐会是一种比较高雅、能够陶冶情操的活动，爸爸妈妈应当主动遵守一些约定俗成的要求，这样做既是个人素质的表现，也是一种无形的胎教，可以让胎宝宝获得行为礼貌的熏陶。请避免在场馆内喧哗、走动，以免打扰场内安静的气氛。

3
遵守音乐会的礼貌要求

（1）尽量提前入场，可以从容不迫地寻找座位，避免打扰他人。如果迟到不要马上进入音乐厅，应等到曲目之间入场。中途要提前离场，也要尽量等到一曲结束的时候。

（2）不要在场内使用手机，以免辐射对胎宝宝产生不良影响，而且也会影响别人欣赏音乐。如果携带了手机，最好在入场时就关闭或调至静音状态。

（3）可以饮水，但不能吸烟或吃零食、嚼口香糖，也不要揉搓节目单、塑料袋发出声响。

（4）欣赏过程妈妈以静静聆听为主，最好不要四处走动或和爸爸聊天交谈。

闲暇时间学插花来放松心情

孕晚期妈妈感觉心情紧张、烦躁的时候可以来练习一下插花，将挑选好的花枝、叶子修剪整形，配置成富有诗情画意的花卉艺术品。在这个过程中，妈妈的心情会变得平和、轻松和快乐，胎宝宝也能得到美和艺术的熏陶，有助于培养宝宝文静、高雅的气质。

1 **选择插花用的材料**

插花一般要准备花材、花器、剪刀等工具。其中花材可以按照自己的喜好选择新鲜、可水养持久的鲜花或是干花、绢花、塑料花等。造型别致的水果、蔬菜、野草等也可以作为插花的素材。而花器就是用来插花的各种器皿，妈妈可以根据自己的需要和爱好选择玻璃、塑料、竹制、草编等多种多样的花器。在选择时要注意花器的造型、材质、大小、高矮应符合预想好的插花主题。

2 巧妙配置造型

　　将准备好的花材修剪掉残枝败叶，再剪成长短错落的花枝，就可以在花器中插放配置造型了。妈妈可以充分发挥创造力和想象力，或插成高低错落的阶梯式，或插成起伏分明的重叠式，或插成焦点突出的"群星拱月式"。业余插花没有定规，妈妈只要插好后觉得协调、有美感就可以了。

3 搭配和谐的色彩

　　插花应注意花色相配不宜过多，否则会有眼花缭乱之感，一般同一插花作品中宜使用不超过3种花色。而且要注意花色的彼此协调，比如不宜把红、黄、蓝三色花插在一起，会产生刺眼的感觉，最好能在其中插上白色的满天星或绿叶起缓冲作用。另外要注意花材与花器的色彩相配，比如素色的细花瓶中插上淡雅的菊花，就会有清新淡雅的感觉，黑色粗陶罐中插上色泽浓艳的大丽花就会有一种野性奔放的风情。反之则会给人以不伦不类之感。

4 不要过分看中插花的结果

　　插花看似容易，但真正插成好的作品却需要具备一定的艺术素养，而妈妈插花的主要目的是调适心情和对胎宝宝进行美育胎教，不是要成为专业插花大师。所以不要对自己有过高的要求，只要根据自己的审美爱好和想象插花就可以了，插好的作品能让自己产生愉悦的心情就足够了，结果不重要，享受其中的过程才是主要的。

为胎宝宝折个纸玩具

　　折纸需要手脑并用，能够使妈妈的注意力集中，缓解压力，改善情绪，并可锻炼想像力和创造力，对于胎宝宝的视觉、脑神经细胞都能起到良好刺激作用，有助于视力、智力发育和提高。

　　如果妈妈是初学折纸，可以购买入门级的折纸教学图书，也可以从网络上搜集折纸方法，学习一些基本的折纸技巧。在折纸前可以准备一些A4纸、包装纸、彩纸、胶水、剪刀等，在使用剪刀时要注意安全。

　　折纸的基本方法有对边折（将正方形或长方形纸两边相对折叠，成为两个长方形）、对角折（用正方形纸，将两角相对折叠，而成为两个直角三角形、将正方形或长方形纸两边相对折叠，成为两个长方形）、四角向心折（将正方形纸先折两条对角形，找出中心点，然后将四个角向中心点折）等等。

　　妈妈可以先熟悉一下这些方法，再慢慢摸索，折一些比较简单的纸玩具，如折飞机、小鸟、星星等。在折纸的过程中，别忘记随时和胎宝宝进行交流，告诉胎宝宝自己是怎么做的，比如在做四角向心折时，可以生动地说成是"中心妈妈"亲吻"四个宝宝"，这样胎教会更有趣味性，胎宝宝也能感受到亲切、快乐的气氛。

运动胎教

拉梅兹呼吸法

胎教效果　从怀孕7个月开始可以来练习拉梅兹呼吸法，这种方法可以让妈妈通过控制呼吸在分娩时转移注意力，增强对阵痛的耐受力，并放松肌肉，保持镇定，从而能够加快产程，促进宝宝顺利出生。妈妈学会这种呼吸法，也能减轻对分娩的恐惧和担心，有助于情绪稳定，对胎宝宝的健康成长也有好处。

辅助用具　瑜伽垫

完整动作

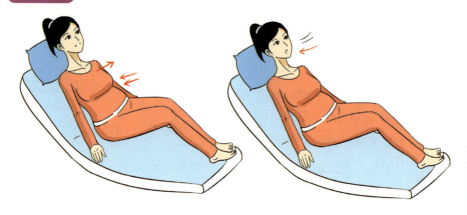

1 胸部呼吸法。取半卧姿，用鼻子深吸一口气，感到子宫收缩就开始反复吸气、吐气，直到阵痛停止再恢复正常呼吸。此方法应用在分娩开始的时候，子宫间隔5分钟收缩一次，每次收缩在30～50秒，此时宫口开2～3厘米。

2 轻浅呼吸法。完全用嘴保持轻浅的呼吸，就像在发出"嘻嘻"的声音。此方法用于子宫收缩频繁时，子宫2～4分钟收缩一次，每次收缩在50～60秒，宫口开3～7厘米。

3 喘息呼吸法。先将空气排出后，深吸一口气，接着快速做4～6次短呼气，感觉就像在吹气球，比嘻嘻轻浅式呼吸还要更浅，也可以根据子宫收缩的程度调节速度。适用于胎宝宝即将临盆时，子宫开至7～10厘米，每次收缩在60～90秒。

4 哈气运动。阵痛开始，妈妈先深吸一口气，接着短而有力地哈气，如浅吐1、2、3、4，接着大大地吐出所有的"气"，就像在吹一样很费劲的东西。适用于胎头已出 2/3，过度用力会发生会阴撕裂的时候。

5 用力推。长吸一口气，然后憋气，马上用力使肺部空气压向下腹部，并完全放松骨盆肌肉，推动宝宝娩出。需要换气时，保持原有姿势，马上把气呼出，同时马上吸满一口气，继续憋气和用力。

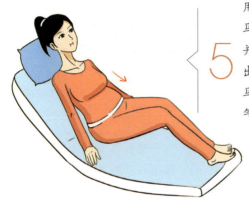

贴心小提醒 妈妈可以在爸爸的陪同下做这个练习，为了更好地放松，可以播放一些优美的歌曲作为背景音乐，每次练习时，至少要持续60秒用力，并且最好经常练习，这样才能在分娩时熟练应用。

盘腿坐运动

胎教效果 这个练习有利于松弛腰关节，改善骨盆的柔韧性，可帮助顺利分娩。练习时配合放松和呼吸练习，也能起到改善情绪、消除压力的作用，对胎宝宝的健康成长很有好处。

运动时长 早晚各做3分钟

辅助用具 瑜伽垫

完整动作

1　脚心相对盘腿坐下，背部挺直，腰部两侧肌肉有略微收紧的感觉。

2　双手平放在双膝上，吸气，双手按压膝盖，呼气，双手微微抬起，反复进行。

贴心小提醒　练习时一定要注意动作轻柔缓慢，充分放松腹部。盘腿时拉长大腿内侧的肌肉会感到疼痛，所以妈妈开始练习不要太过勉强去盘腿，争取每天提高一点就可以了。

腹式呼吸

胎教效果　孕7月可以开始练习腹式呼吸，能够吸入更多的新鲜空气，满足胎宝宝越来越大的需要，而且也能帮助消除紧张和不安情绪，让妈妈感觉轻松、愉悦。

运动次数　4~6次

辅助用具　瑜伽垫

完整动作

1 取舒服的坐姿,坐在瑜伽垫上,全身放松,双手轻轻放在腹部。

2 想象腹部是一个皮球,用鼻子尽量吸气,直到腹部膨胀隆起。

3 用嘴慢慢吐气,直到将吸入的空气全部吐出来。

贴心小提醒 练习腹式呼吸时要注意不要憋气,如果不会拉长呼吸,可以在吸满或者呼出一口气之后再有意识地扩张或收缩腹部,同样可以达到为身体补充新鲜空气的目的。另外,练习时要注意观察身体状况,如果感觉腹部不适,要立即停止,并调整自然顺畅的呼吸。

瑜伽英雄式

胎教效果 这个练习能够扩张肺部、胸部,有助于消除紧张感,使妈妈精神振奋,改善孕晚期情绪低落、消沉的状态,有助于胎宝宝的健康成长。而且练习时还可以伸展大腿内侧肌肉,对于顺利分娩也是有帮助的。

运动次数 4~6次

辅助用具 瑜伽垫

完整动作

1 跪坐在瑜伽垫上，两只膝盖并拢，双脚分开，让臀部坐在两脚之间的地面上。手掌自然撑放在身体两侧的地面上。

2 双手上举，在头顶合十，手腕轻轻落在头顶上，手指向上伸直，尽力将臂肘向两侧伸展。保持5分钟，同时配合均匀的呼吸。

3 慢慢放下手臂，自然放置于身体两侧，徐徐伸直双腿，休息片刻再继续进行。

贴心小提醒 练习的时候可以在臀部下放一个软垫子帮助支撑身体，降低练习的难度。另外需要提醒的是，患有妊高征的妈妈不宜做这个动作，可能会加重头晕、头疼、眼花等症状。

胎教音乐

《水上音乐》咏叹调

胎教效果　选自亨德尔的《水上音乐》组曲，旋律悠扬婉转，节奏轻巧，妈妈欣赏会有心旷神怡的感受，也能使腹中的胎宝宝受到感染，对听觉系统和右脑艺术细胞都能产生良好的刺激，有助于听觉和智力的提高。

贴心小提醒　有条件的话爸爸妈妈可以带宝宝去音乐厅欣赏一场亨德尔作品音乐会，也可以在家中欣赏，但一定要选择高品质的音乐，而且欣赏时不要直接将传声器放在腹壁上，以免损伤胎宝宝娇嫩的耳蜗。

《小狗圆舞曲》

胎教效果　波兰音乐家肖邦的这首作品诙谐有趣，节奏欢快，能够带给妈妈轻松快乐的听觉享受，也能让胎宝宝受到妈妈情绪的感染，感到愉悦和满足，而且那轻灵跳跃的乐曲对胎宝宝的听觉系统发育也能给予良好的刺激。

贴心小提醒　在欣赏这首乐曲后，妈妈可以将自己的感受描述给胎宝宝听："宝贝，这首曲子叫《小狗圆舞曲》，你听，这些翻来覆去重复着的声音，像不像小狗追着自己的尾巴在转圈子啊，小狗真淘气。"

《降B小调第一钢琴协奏曲》

胎教效果

柴可夫斯基的这首作品充满了对生活的热爱和对光明与欢乐的向往，妈妈欣赏这首乐曲，能够受到强烈的感染，激发对生命的热爱和对胎宝宝的期待，而胎宝宝也能感受到母爱的温暖，并得到无形的艺术熏陶，有助于听觉、审美多种能力的提高。

贴心小提醒

妈妈可以采取卧姿或半卧姿，让身体尽量放松后再欣赏这首乐曲。在音乐响起时，可以开始做意识胎教，联想大自然中各种美好的事物以及胎宝宝可爱的面容等。

《阳春白雪》

胎教效果

琵琶曲《阳春白雪》旋律清新流畅，节奏轻松明快，妈妈欣赏时还有心旷神怡的感觉，能感受到乐曲中传递出的无限生机和活力，使妈妈对孕育、生活充满信心，也可让腹中胎宝宝感受到妈妈的愉悦和欢乐。

贴心小提醒

妈妈可以躺在床上欣赏这段音乐，想象自己置身于春回大地的大自然山水之间，触目都是生气勃勃、春意盎然的景象，并可以将自己感受到的画面描述给胎宝宝听。

胎教名画

《豪家佚乐图》

胎教效果

清代画家杨晋的这幅作品用工整细致的笔法描绘了一户贵族人家的四季享乐生活。画面构图巧妙，色彩明丽，人物悠然安适，在观赏时能够给妈妈带来优雅、安宁的感受，有助于消除孕晚期的烦恼和苦闷，帮助妈妈和胎宝宝安然度过孕育生活。

**贴心
小提醒**

　　在观赏时可以用具体、生动的语言为胎宝宝描述一下画面中的人物衣着、动作、神态以及贵族园林的风景等，可以一边欣赏一边播放古琴曲或琵琶曲作为背景音乐，营造一种诗意的艺术氛围，胎教效果更佳。

胎教诗歌

《初春小雨》

| **胎教
效果**	唐代诗人韩愈的这首七言绝句风格清新自然，语言平实优美，可带给妈妈愉快舒畅的美感体验，也能让胎宝宝获得自然美和艺术美的感染。
**诗歌
原文**	天街小雨润如酥，草色遥看近却无。 最是一年春好处，绝胜烟柳满皇都。
**贴心
小提醒**	爸爸为胎宝宝朗诵这首诗歌，效果会更好，注意要读出诗歌的抑扬顿挫。爸爸说话的声音主要是以中、低频调为主，是胎宝宝在子宫内听到最适宜的声音。爸爸可以经常坚持对胎宝宝念诵唐诗，会唤起胎宝宝积极的反应。

《古朗月行》（节选）

| **胎教
效果**	李白所作的这首五言律诗以极为丰富的想象力描绘了一幅瑰丽神奇的图画。语言生动优美，富有韵律感，可以锻炼胎宝宝的感官能力，对听觉、感知、记忆能力，都可产生有益的刺激。

| 诗歌原文 | 小时不识月，呼作白玉盘。又疑瑶台镜，飞在青云端。仙人垂两足，桂树何团团。白兔捣药成，问言与谁餐。 |
| 贴心小提醒 | 可以由爸爸为胎宝宝朗读这首唐诗，朗读时注意加入丰富的感情，变换不同的节奏、语气、语速、语感等，可以从听觉上带给胎宝宝不同的刺激与效果。 |

 胎教儿歌

《妈妈的眼睛》

胎教效果

这首儿歌节奏舒缓，感情真挚，歌词浅显易懂，可以使妈妈获得轻松、愉悦的感受，也能使胎宝宝受到感染，令胎宝宝感受到母爱的温暖，也有助于亲子关系的培养。

儿歌歌词

美丽的美丽的天空里，
出来了光亮的小星星，
好像是我妈妈慈爱的眼睛。

美丽的美丽的天空里，
出来了光亮的小星星，
好像是我妈妈慈爱的眼睛。

妈妈的眼睛我最喜爱，
常常希望我做个好小孩，
妈妈的眼睛我最喜爱。

贴心小提醒

在欣赏这首儿歌后，妈妈可以学一学，自己唱给胎宝宝听。也可以对着镜子，和胎宝宝说说自己的样子，比如妈妈头发、眼睛的颜色、鼻子、耳朵、嘴巴都是什么样子的，帮助胎宝宝更好地认识自己的亲人。

《蚂蚁抬米》

胎教效果

这首儿歌充满纯真童趣，拟人化地描述出了小蚂蚁的可爱形象，而且朗朗上口，富有韵律美，妈妈可以经常读给胎宝宝听，能够刺激胎胎宝宝听觉器官的神经功能，并可促进脑部成长，出生后往往视听能力更强，容易被安抚。

儿歌原文

小蚂蚁，真有趣，见面碰碰小胡须。
你碰我，我碰你，报告一个好消息，
排队走，一二一，大家去抬一粒米。

贴心小提醒

可以同时对胎宝宝进行对话胎教，告诉胎宝宝要像小蚂蚁一样勤劳、团结，就能够搬动大米粒。另外可以搜集一些关于蚂蚁的科普知识，帮助胎宝宝了解这种昆虫的特点，如蚂蚁的视力很弱，碰胡须（触角）是用来传递信息的等等。

胎教故事

《狐假虎威》

【胎教效果】

这个成语故事出自西汉刘向《战国策·楚策一》，风趣幽默的故事表达了深刻的寓意，可引起妈妈的思考，对启发胎宝宝的智力也有帮助。

【故事正文】

有一天，一只老虎觉得肚子饿了，就从山洞里跑出来寻找食物。恰好有一只狐狸被老虎发现了，老虎"嗷"的一声扑了过去，把狐狸按倒在地，张开大嘴就要咬下去。

这时狐狸说话了："你好大的胆子，竟敢吃我？你知道我是谁吗？"

老虎没想到狐狸不但不怕，还能说出这样的话，一时也犹豫起来，问道："你是谁？"

狐狸摆出一副傲慢的表情说："我是老天爷派来掌管野兽的使者，无论是谁都得听我的，要是敢吃我，老天爷一定会重重地惩罚你！"

老虎慢慢地放开了爪子，但还是有些怀疑。狐狸从地上爬起来，拍拍灰，挺胸抬头骄傲地说："你不相信？那你陪我走一走，看看别的动物怕不怕我！"

老虎觉得这个主意不错，就跟在狐狸的后面，走向了森林的深处。一路上，看见他们的小动物全都抱头鼠窜，逃得飞快。

老虎越来越害怕了，也掉头逃走了。其实他不知道，动物们并不是害怕狐狸，而是害怕背后的老虎啊。

【贴心小提醒】

爸爸妈妈在给胎宝宝念故事时，可以结合动物图片将故事中的老虎、狐狸详细、清楚地描述出来，并要注意把故事的寓意讲给胎宝宝听："做事要动脑筋，不能像老虎一样盲目地听信狐狸的话，结果闹出了笑话。"

本月贴士：谨防妊娠性糖尿病

妈妈患糖尿病有两种情况：一种是怀孕前患有糖尿病，怀孕后糖尿病症状加重；一种是在怀孕期间形成的糖尿病。可能表现出糖尿病典型的"三多一少"的表现：多食、多饮、多尿，体重不增；特别容易疲乏，总是感到劳累。

无论哪种糖尿病，对胎宝宝都有很大影响。例如容易产生巨大儿，新生儿死亡率高；胎儿畸形发生率高等；另外，糖尿病给妈妈带来的痛苦也是巨大的，例如妈妈容易发生妊娠子痫；微细血管容易出现病变，会影响到眼睛、肾脏和心脏；发生呼吸道感染、泌尿生殖系感染和霉菌感染的机会也有所增加；容易导致产后子宫收缩不良，造成产后大出血等。

为此，妈妈一定要做好防治糖尿病的日常调理，如果已经患有糖尿病，更应该严格安排饮食。怀孕中、后期不要吃含糖分较高的食物如含蔗糖、砂糖、果糖、葡萄糖、冰糖、蜂蜜、麦芽糖的含糖饮料及甜食，可以多吃些米谷类，并要多吃较粗的品种，如标准粉、糙米；最好少食多餐，将每天应摄取的食物分成5～6餐。特别要避免晚餐与隔天早餐的时间相距过长，所以睡前要补充点心。另外，要多吃新鲜蔬菜，除了能为妈妈与胎宝宝提供非常需要的营养素外，能够保证人体酸碱平衡，减少或防止糖尿病诱发的酸中毒。

Chapter **9**

孕8月
延续
"胎教"的
快乐

妈妈和胎宝宝有什么变化

1. 孕8月胎宝宝的生长和发育情况

怀孕第8个月，胎宝宝的肌肉更加发达，皮下脂肪增厚，看上去显得胖了一些，但脸部仍然布满皱纹；胎宝宝的神经系统、视觉系统变得发达，可辨认和追踪光源，此时胎宝宝的脑神经已经发育到几乎与新生儿相当的水平，听觉神经和皮肤的触觉发育完成，对体外强烈的声音和刺激做出一定反应；不过由于子宫内的活动空间越来越小，胎动幅度会逐渐减弱，但胎宝宝还是非常好动的，动作力量也会更大；到了第32周了，胎宝宝的体重在2000克左右，身长约45厘米，各个器官继续发育完善，肺和胃肠功能已接近成熟，已具备呼吸能力，能分泌消化液。此时胎宝宝已基本具备生活在子宫外的能力，但妈妈仍需特别小心预防早产。

怀孕第8个月直至生产前，是施行阅读胎教的最佳时机。医学研究发现，胎儿的意识萌芽大约发生在怀孕第7~8个月的时候，此时胎儿的脑神经已经发育到几乎与新生儿相当的水平，一旦捕捉到外界的讯息，就会通过神经管将它传达到胎儿身体的各个部位。为了让母亲的感觉与思考能和胎儿达到最充分的交流，最好是保持平静的心境，并保持注意力的集中。

2. 孕8月妈妈的身体变化情况

怀孕第8个月，妈妈的腹部更加突出，子宫增大可能会压迫到其他内脏器官，使得妈妈会有呼吸困难、食欲不振、呕吐、腰酸痛、足跟痛、浮肿、静脉曲张等问题。

（1）**食欲变差**。由于子宫增大，位置渐渐向上，压迫胃部，会使妈妈感到胃胀、反酸、烧心，甚至引起胃痛、呕吐，食欲也会有所下降。妈妈可以减少每餐食量，少食多餐，并适当吃点面食以稀释和中和胃酸。

（2）**排尿次数增多**。孕晚期因膀胱受到压迫，会让妈妈感到尿意频繁，甚至会出现压力性尿失禁。这属于正常生理现象，妈妈不必为此尴尬，也不要有意控制喝水，可以在睡前少喝点水，避免经常起夜影响睡眠。

（3）**呼吸困难。**子宫增大还会使肺部受到压迫，使妈妈感觉呼吸沉重困难，说话时有点上气不接下气，运动时情况可能更为严重。为此本月起应适当减少运动量，以减轻不适。

（4）**溢乳。**在孕激素的刺激下，孕晚期乳腺管已经发育到可以排乳的水平，会出现溢乳现象，有时溢出的乳汁甚至会浸湿衣衫，妈妈可以在胸罩内放入棉质乳垫吸收乳汁。但要注意不能过多刺激乳头，以免引起宫缩、早产。

（5）**耻骨联合分离。**孕晚期激素分泌可使耻骨联合周围韧带松弛，容易出现耻骨联合分离的问题，严重时妈妈会感到剧烈疼痛，活动也会受限，甚至正常行走、上下车、上下台阶都会感觉困难。为了缓解疼痛，妈妈睡觉时可将软枕头放于两腿之间，如果需要在床上移动臀部，应该尽量双腿平行运动，另外要注意骨盆部位保暖防寒，避免外伤和性生活。

本月应密切监测胎动

胎动是妈妈了解胎宝宝健康状况的重要渠道，也是胎宝宝和妈妈之间最直接最明显的交流方式。从孕28周起，妈妈应该开始坚持每天数胎动，可以发现胎宝宝是否有宫内缺氧窘迫的现象，缺氧早期胎宝宝常常躁动不安，缺氧严重时胎动会逐渐减少减弱直至消失。因此妈妈一定要重视监测胎动变化，而且坚持数胎动也是一种直接的胎教方式，当妈妈对胎宝宝高度注意时，胎宝宝也会呼应妈妈的感受，增进母子间亲密的感情交流。

数胎动的时间

一般胎宝宝在晚上动得比较多，所以如果时间有限的话，妈妈可以把数胎动的时间固定在每天晚上8～9点，数1小时。时间充裕的话，可以早、中、晚各数1小时。在数胎动的时候妈妈要注意观察，从胎宝宝开始活动到完全停止算一次，如果连续动几下或者同一时刻感到多处胎动，都只算一次。如果每小时胎动次数大于3次，表示胎宝宝情况比较良好，但如果胎动过于急促频繁，或者长时间保持胎动，然后又突然减少，也要提高警惕，可能是因为妈妈腹部受到撞击，或发生胎盘早剥、脐带绕颈或打结等引起胎宝宝缺氧剧烈挣扎所致。

妈妈也可以将三次胎动计数之和乘以4，算出12小时大概的胎动次数，如果能达到30次以上，说明胎宝宝情况较好。

2 数胎动的方法

妈妈数胎动的时候可以坐在床上或沙发上，也可以取左侧卧的姿势，把双手轻轻放在腹壁上，静下心来专心体会胎宝宝的活动。为了帮助稳定心情，集中注意力，妈妈可以试着去想象胎宝宝的各种体态，也可以放一些节奏舒缓的轻音乐。爸爸也可以加入其中，用胎宝宝喜欢的中速、低沉的声音和胎宝宝对话，唤起宝宝活动的热情。

3 需要警惕的胎动异常

妈妈可以把每天观察到的胎动数据用图表记录下来，可以更加系统地观察胎动变化。如果胎动变化的曲线起伏不大，胎动有规律、有节奏，就说明胎盘功能良好，能够正常为胎宝宝输送氧气，胎宝宝发育是正常的。如果24小时的胎动在20次左右，妈妈应引起重视，及时到医院做胎心监护，如果24小时胎动在10次以下，应立即到医院检查。

需要提醒的是，如果妈妈发烧或患有感染性疾病，体温超过38℃，会使胎盘、子宫血流量减少，影响对胎宝宝的正常供给，胎动也会减少，妈妈应尽早去医院治疗。

带着胎宝宝在太阳下聊聊天

孕晚期，妈妈可以选择在晴朗的天气，走出家门，跟家人或者朋友聊天。这样做不仅能够接受充足的日照，促进钙的吸收，有助于缓解因缺钙引起的腿抽筋等症。而且聊天的过程需要动脑思考，对于大脑功能来说，无疑是一种锻炼，对胎宝宝的听觉系统和大脑细胞也能产生有利的刺激。

不仅如此，聊天时还可抒发情感、增添情趣，减轻精神压力、疏导压抑。随着孕期的发展，乏力、浮肿、食欲不振、失眠等各种毛病接踵而至，身体的不适常让妈妈特别是初产妇备感委屈，即使爸爸努力开解，但因为不能感同身受，所以对妈妈的关心总是难以"到位"。这时妈妈若能和一些有过孕产育经验的邻居、好友等聊天交流一下，就可以缓解心理压力和障碍，使不良情绪得以宣泄、调节、疏导，精神状态、身体状况可大为改观。

> 需要提醒的是，妈妈外出聊天要注意安全，因为行动不便，最好能够在家人的陪同下前往，特别是上下楼梯时，一定要注意扶好扶手，以免摔倒撞击腹部引起早产。另外聊天的时间不宜过长，以免久站久坐引起下肢血液流通受阻，加重浮肿、静脉曲张等症。所以聊天半小时后可以依身体状况稍微走动活动一会儿，再回家休息。

妈妈"联想法"教胎宝宝学算术和图形

孕8月，胎宝宝能够接受更多的信息了，可以对胎宝宝进行算术和图形的胎教，这种胎教的目的不是要教胎宝宝学算术、看图形，而是要对胎宝宝的各种感觉器官进行适当的信息刺激，以加深印象，这样将来智力发育、学习能力的发展都会比较快。

1. 通过形象的联想法来胎教

就是要将抽象的数学和形象的图形联系起来，再通过爸爸妈妈的声音传递给宝宝，以形成深刻的印象。比如，对于数字"1"，可以联想到"一支细长的铅笔""一根筷子"等，数字"2"可以联想到"一只在水面上游泳的天鹅"等；对于简单的加法"1+1=2"，可以拿出一根香蕉，再拿一根就变成两根。同样，两根香蕉拿走一根就是"2-1=1"，这样就可以让算术变得生动而形象了；对于各种形状，圆形、方形、三角形等，可以分别联想成大饼、电视机、三明治等，只要爸爸妈妈充分发挥想象力，就可以把具体的、有立体感的形象融入胎教中去了。

2. 根据胎动安排胎教

进行算术和图形胎教最好安排在胎动比较频繁的时候进行，这时候胎宝宝是清醒的状态，对外界的刺激可以表现出一定的反映，因而能够更好地和爸爸妈妈做互动，胎教的效果也比较好。胎教时妈妈左侧卧在床上或靠坐在舒适椅子、沙发上，全身放松，腹部保持松弛状态，然后可以给胎宝宝一个信号，比如"宝贝，现在我们来学算术吧"，之后就可以进行胎教了。不过如果胎宝宝胎动过于频繁，或者有扭动挣扎的情况，可能表示宝宝不舒服或者不喜欢这种胎教方式，就应该马上停止。

3. 每次胎教内容不能过多

爸爸妈妈望子成龙、望女成凤，可能会迫不及待地每天对胎宝宝灌输很多知识。但是胎教是要把握尺度的，不可过多过度，否则不仅妈妈自身疲惫不堪，胎宝宝也会觉得躁动不安，对健康成长非常不利。所以胎教内容应当合理安排，循序渐进，如果教数字，每天就专心教授1~3个数字就可以了；教图形，每次教1个图形就足够了，第二天还要记得重复和巩固，每次胎教时间尽量安排在10~15分钟，并注意根据胎动反应适当延长或及早结束。

4. 和胎宝宝一起思考

做算术和图形胎教时需要妈妈注意力高度集中，要和胎宝宝一起思考问题，并代替胎宝宝回答问题，这样才能将思维方法传递给胎宝宝。在这个过程中，妈妈的情绪应当是轻松快乐的，不可因对知识不感兴趣就有不耐烦的想法，这种心态会影响到胎宝宝，这样进行胎教的结果肯定也是不理想的，妈妈应注意避免。

亲手给胎宝宝做"袜子娃娃"

"袜子娃娃"是一种非常富有情趣的手工作品，制作方法简单，原材料也很容易找到，很适合妈妈动手尝试。做娃娃的时候，妈妈的注意力会集中其上，不但能够缓解孕晚期的种种不适感，还能让心情变得平静安适，对于胎教也很有帮助。

做袜子娃娃，首先需要准备好花色斑斓的袜子，袜子的图案比较立体，弹性也较大，塞进填充物后会比布艺品看上去形象更加生动可爱。手感也很柔软舒适，可以作为宝宝出生后的玩具。妈妈可以找一找家人不穿的旧袜子，洗干净备用，这样也能体现勤俭节约、变废为宝的精神，对腹中胎宝宝可起到好的影响。

选好要用的袜子后，妈妈可以在脑海中规划一下如何利用袜子的每个部分。有了一个设计方向后，就可以动手剪出耳朵、手臂、尾巴等形状，然后一针一线地缝起来，做出袜子娃娃的外形。然后塞进棉花或其他填充物，揉搓至均匀饱满，再用各种颜色的线进行缝合。最后用水溶笔在娃娃的脸上画上眼睛、嘴巴，用线缝出来，一个活灵活现的袜子娃娃就制作完成了。因为是给宝宝准备的玩具，所以不要使用纽扣、亮片等装饰物，以免宝宝吞下发生危险。

第一次做袜子娃娃妈妈可能会有无从下手之感，可以借鉴一些手工制作图书，按照教程模仿着做几个袜子娃娃，待熟练后就可以发挥自己的审美能力和想象力，做出独一无二的袜子娃娃送给宝宝了。

本月适当减少运动量

孕8月妈妈的行动一般已经非常不便，有的妈妈还会受到耻骨联合分离的痛苦，因此定期的运动计划可以适当减少，运动项目的选择应以程度温和、身体负荷小为标准，比如短途散步、腹式呼吸、拉梅兹呼吸法以及一些动作幅度小的孕妇操等。

在运动过程中，妈妈要注意保持身体平衡，避免摔倒撞击腹部引起危险，尤其是患有妊高征、容易头晕的妈妈更要注意这一点。如果在运动时感觉疲劳应注意休息，如果感到腹部有紧绷变硬的感觉应马上停止运动并卧床休息。

不过需要提醒的是，妈妈不应一味卧床而停止任何运动，这样只会使身体更加虚弱，无法为分娩蓄积体力。而且腹中胎宝宝的正常发育也需要运动的刺激，运动可以促进血液循环，增加氧的吸入，并加速羊水循环，刺激胎宝宝的大脑和感觉器官、平衡器官以及循环和呼吸功能的发育。所以妈妈应当在身体允许的情况下坚持运动。

一家三口学拼音

爸爸妈妈在胎教时将汉语拼音的读法和写法教给胎宝宝，可以使这些有用的字母信息"储存"在胎宝宝的脑海中，宝宝出生后，这些知识"储备"就能引领他/她开启广博的汉字大门，对宝宝语言学习能力的提高有极大的好处。

当然，单纯地反复念字母，就算是大人也会觉得枯燥，所以拼音胎教需要爸爸妈妈发挥创造力和想象力，采用一些独特有趣的方法。

1 和实物联系在一起

联想的方法是爸爸妈妈做胎教时可以经常运用，比如想教胎宝宝认识字母"ü"，就可以联想到"弯着身子的小鱼吐出了两个水泡"，既表现了"ü"的读音同一声的"鱼"，又能让胎宝宝对"ü"的形态有所感觉。

2 巧用拼音卡片

爸爸妈妈可能已经做好了胎教卡片，现在就可以派上用场了。妈妈可以将做好的拼音卡片拿出来，对着卡片上的拼音，一边反复地读，一边用手指描画，通过视觉将拼音字母的形状牢牢印在脑海中，就会自然地传递给胎宝宝了。爸爸妈妈也可以用卡片来玩拼音游戏，比如爸爸拿出声母卡片，妈妈拿出韵母的卡片，进行自由组合，看看能拼出什么拼音，在愉悦的气氛中进行胎教，胎宝宝也会受到情绪的感染，变得快乐起来。

3 利用儿歌来学拼音

爸爸妈妈可以将儿歌和拼音结合在一起进行胎教，可使胎宝宝在朗朗上口的儿歌童谣中对字母产生最初的兴趣。在这些有着优美韵律的儿歌中，做起胎教也会觉得特别轻松有趣。比如"发a时，嘴张大；念o时，嘴变圆。小嘴一咧e、e、e，衣服的i，乌鸦的u，u加两点就是ü。"爸爸妈妈可以先学儿歌，在儿歌中领悟拼音的读法、写法；也可以先学拼音的读法、写法，再在儿歌中巩固。

对"对联"，体会语言的美

对联，也叫楹联、对子，是我国一种传统的艺术形式，通过对仗工整、平仄协调的上下两联，或道贺志喜，或抒发情怀，或制造幽默，或传播文化，用途很多。孕8月胎宝宝已经有较强的接受能力，**爸爸妈妈不妨试着和胎宝宝一起对对联，能够让胎宝宝领略传统文化的魅力，音调和谐的对联也能对宝宝大脑细胞和听神经细胞给予良好的刺激，促进智力和听觉的发展。**

对联的文字长短不一，最短的一个字也能成对，比如"天对地""雨对风"；而长的对联可达几百字。但上下联的字数必须相同，而且不能有重复的字。相同位置的词语词性要相对，内容要相关，简单来说就是名词对名词、动词对动词、形容词对形容词。如果爸爸妈妈的词汇储备比较丰富，这样的对联还是很容易对的。比如"山高对水长""流水绿对落花红""春临大地对福满人间"等等。

另外，对联的更高要求是音韵平仄对称，这样才能产生和谐的音乐美，这其中的规则比较复杂。爸爸妈妈做胎教时可以不用这么高的标准来要求自己，只要基本对得上就可以了。

如果爸爸妈妈对对联感觉有困难，也可以找一些优秀的对联作品念给胎宝宝听，并注意给宝宝讲解其中的用词好在哪里，这样同样能够起到很好的胎教效果。

爸爸妈妈玩脑筋急转弯

脑筋急转弯是一种非常有趣的思维游戏，就是不从寻常的思路出发来考虑问题。妈妈在孕期玩脑筋急转弯游戏，能够突破自己固有的思维定式、拓宽思路，让思维更加灵活，起到健脑益智的目的，还能将独辟蹊径的思维方法传递给胎宝宝，可以让宝宝变得更聪明。

脑筋急转弯的问题有益智类、搞笑类、数学类等多种，妈妈可以根据自己的喜好选择内容健康有趣、容易理解的题目做胎教。可以先把题目读几遍，多换几个角度去琢磨一下答案。在这个过程中需要随时和胎宝宝进行"交流"，和胎宝宝一起思考。然后将想好的答案和标准答案相对照。脑筋急转弯的答案往往出人意料，令人捧腹，会带给妈妈和胎宝宝很多的快乐。比如"熊猫一辈子最遗憾的一件事是什么事?(答案是照彩色照片)""什么老鼠用两只脚走路?(答案是米老鼠)"。

　　游戏中,妈妈可以想象自己正在和胎宝宝对话,全情投入,就如同胎宝宝在问这些有趣的问题,而妈妈要给胎宝宝一个满意的答案。也可以让爸爸参与进来,爸爸和妈妈一起抢答问题,看看谁的答案最接近标准答案,这样的游戏会让胎教变得更加有意思。

胎教音乐

《天鹅》

胎教效果

　　选自法国作曲家圣桑的《动物狂欢节》组曲,这首乐曲节奏轻缓,旋律优雅温柔,可以给胎宝宝很好的听觉抚慰,能够让胎宝宝感受到充满温暖、慈爱、优美的生活氛围,可使宝宝拥有健康美好的精神世界,促进其良好性格的发展。

贴心小提醒

　　在倾听这首乐曲时,妈妈首先要放松身心,取舒服的坐姿或半卧姿,脑海中想象一只高贵神圣的天鹅正在缓缓游来,清澈流动的湖水映衬着洁白美丽的羽毛,美好的画面使人陶醉。

《高山流水》

胎教效果

　　这首乐曲是我国十大古曲之一,取材于"伯牙鼓琴遇知音"的故事,有多种版本,这里选用的是古琴演奏的版本,旋律优雅、韵味悠长,能够带给妈妈和胎宝宝心旷神怡的听觉享受,并可通过音波刺激胎宝宝听觉器官的神经功能,有助于出生后培养良好的音乐爱好。

贴心小提醒

　　妈妈可以躺在床上欣赏这段音乐,想象自己置身于山水之间,在山水相映,水天一色的景象中体会身心彻底放松的感觉,并将这种感觉通过语言和想象传递给胎宝宝。另外,也可以给胎宝宝讲一讲《高山流水》这个歌颂知音和友谊的故事。

《音乐的瞬间》

胎教效果

这是舒伯特的一组小品曲中的第三首，旋律轻快活泼，令人欣喜，能够给妈妈带来愉快、轻松的音乐体验，可起到缓解压力、改善情绪的作用，并能刺激胎宝宝的听觉系统和大脑皮层，有助于听力和智力的提高。

贴心小提醒

爸爸妈妈可以选择在胎动比较明显的时候听这首乐曲，根据钢琴弹奏的速度，在宝宝身体的各个部位如小手、小脚等地方轻点按摩，通过肢体的互动增进亲子间的感情，不过一定要注意动作力度要小，要轻而柔和。

胎教名画

《向日葵》

胎教效果

荷兰画家凡·高的这幅传世佳作以夸张厚重的笔触、强烈的色彩对比抒发心中火热的激情，会使妈妈在欣赏时受到强烈感染，激发对生命和生活的热情，纾解心中的烦闷和抑郁，腹中胎宝宝也会感受到妈妈的情绪变化，变得快乐起来。

贴心小提醒

在欣赏这幅名画时，妈妈先在脑海中形成清晰的画面，并要注意用非常生动具体的语言将画面上的向日葵描述给胎宝宝听。比如"花蕊画得火红火红的，好像一团团的火球，看上去那么热情""黄色的花瓣像太阳放出的光芒，是那么耀眼"等等。

《寿桃》

胎教效果

齐白石的这幅作品颜色明丽鲜艳，用笔简约大气，表现出一种旺盛的生命力，可以带给妈妈和胎宝宝美的享受，激发妈妈对生活的热爱和乐观的精神，对胎宝宝健康成长很有好处。

贴心小提醒

欣赏这幅名画的重点是注意画面巧妙的色彩运用，画中寿桃被夸张地放大，颜色是艳丽的洋红色，局部用柠檬黄色做渲染，花青色的桃叶深浅不同，表现出阴阳向背的细节，这些都是胎教时要着重传递给胎宝宝的。

胎教诗歌

《笑》

胎教效果

女作家林徽因的这首诗歌用隽永秀丽的诗句描绘了一位美丽女性高雅纯洁的笑容，语言轻快活泼，妈妈品读时能够体会到作者真挚的感情和对美的领悟，能引领妈妈更多地欣赏美、寻找美，心情也会变得轻松舒畅，并可使腹中胎宝宝受到潜移默化的艺术熏陶和美感训练。

诗歌原文

笑的是她的眼睛，口唇，
和唇边浑圆的漩涡。
艳丽如同露珠，
朵朵的笑向
贝齿的闪光里躲。
那是笑——神的笑，美的笑：
水的映影，风的轻歌。

笑的是她惺忪的鬓发，
散乱的挨着她耳朵。
轻软如同花影，
痒痒的甜蜜，

涌进了你的心窝。

那是笑——诗的笑，画的笑：

云的留痕，浪的柔波。

贴心小提醒

爸爸或妈妈有感情地朗读这首诗歌，重复多念几遍，配合自己喜欢的旋律优美轻灵的纯音乐念诵，胎教效果更佳。

《寻梦者》

胎教效果

我国现代诗人戴望舒的《寻梦者》写出了梦的神秘与美丽，看似平时简单的语言却能令人产生无限遐想。妈妈在品读的时候能够体会到诗中蕴藏的美感和欢欣，也能使胎宝宝受到间接的艺术熏陶。

诗歌原文

梦会开出花来的，

梦会开出娇妍的花来的，

去求无价的珍宝吧。

在青色的大海里，

在青色的大海的底里，

深藏着金色的贝一枚。

你去攀九年的冰山吧，

你去航九牛的瀚海吧，

然后你逢到那金色的贝。

它有天上的云雨声，

它有海上的风涛声，

它会使你的心沉醉。

把它在海水里养九年，

把它在天水里养九年，

然后，它在一个暗夜里开绽了。

当你鬓发斑斑了的时候，

当你眼睛蒙眬了的时候，

金色的贝吐出桃色的珠。

把桃色的珠放在你怀里，

把桃色的珠放在你枕边，

于是一个梦静静地升上来了。

你的梦开出花来了，

你的梦开出娇妍的花来了，

在你已衰老了的时候。

**贴心
小提醒**　　　有感情地朗读这首诗歌，读出音乐般的韵律感，同时要注意诗中对于色彩的运用，如"青色的大海""桃色的珠""金色的贝"等，要把这些富有美感的细节向胎宝宝一一说明。

胎教儿歌

《向日葵》

**胎教
效果**　　　这首儿歌歌词非常简单，节奏和缓，动听的旋律传递出一种轻松快乐的新年喜庆气氛，可以让妈妈和胎宝宝获得愉悦的听觉感受。

**儿歌
歌词**　　　新年好呀　新年好呀　祝福大家新年好
　　　　　　我们唱歌　我们跳舞　祝福大家新年好

**贴心
小提醒**　　　教唱这首儿歌之余，爸爸妈妈可以顺便进行语言胎教，给胎宝宝讲一讲新年的有关知识，如新年要贴对联、提灯笼、放鞭炮等等。

《大树妈妈》

胎教效果

这首儿歌旋律优美、柔和，歌词简单易懂、感情真挚，能够激发妈妈心中的母爱，也能将温暖和慈祥的感情传递给胎宝宝，让宝宝在子宫内感觉舒适、安全。

儿歌歌词

大树妈妈，个儿高，对着摇篮唱歌谣。
摇呀摇，摇呀摇，摇篮里的小鸟睡着了。
大树妈妈，个儿高，对着小鸟呵呵笑。
风来了，雨来了，摇篮上的小伞撑开了。

贴心小提醒

妈妈可以一边唱这首儿歌，一边做摇摇篮的舞蹈动作，想象自己正在摇着可爱的宝宝，并用温柔的语气对宝宝说："宝贝，你就是一朵最美丽的小花，妈妈就是你的守护神，会细心地呵护你，陪你经历风雨。宝贝，妈妈爱你！"

胎教故事

《小青虫变蝴蝶》

【胎教效果】

这个童话优美动人，拟人手法的运用让故事读起来更加生动活泼，能够让妈妈接受美的熏陶并传递给胎宝宝，也能让胎宝宝"了解"一些自然知识，培养对生活和大自然的热爱。

【故事正文】

春天到了，春姑娘穿着五彩的裙子，打扮得漂亮极了。她向原野飞来，飞过的地方，冰雪融化了，小草露出了头，树叶抽出了芽，到处都绿绿的，嫩嫩的。

春姑娘来到一棵大树旁，看见树枝上挂着一个黄色的"小包包"，那是小青虫的茧。秋天天气凉下来的时候，小青虫就做好了茧，钻进去睡着了，一直睡到现在还没醒。

春姑娘笑了，心想，让我来打扮这个世界吧，等小青虫醒来，一定会特别惊喜。

春姑娘拿出了五彩的绸带，对着小河挥舞着说："小河快来帮忙吧，让我们来给小青虫送份礼物。"小河听了，哗啦啦地笑起来，清亮亮的河水淙淙地流淌。

春姑娘又叫大树、小草、花儿都来帮忙，于是，大地被小草铺上了绿色的地毯，树枝上长出了鲜嫩的叶子，各种各样的野花都开了，大家都使足了劲，要让小青虫看到最美丽的景色。

春姑娘回到小青虫那，想要把她喊醒，却发现小青虫的茧已经破了一条缝，不知什么时候，这个小家伙已经悄悄醒来走了。

春姑娘到处寻找，终于在花丛里发现了一只美丽的蝴蝶，她的舞姿是那么轻盈。小河、小草、大树、花儿都忍不住问："她是谁呀？我们从没见过这么美丽的姑娘。"

春姑娘发出了银铃般的笑声："她就是小青虫啊，你们不认识她了？"

【贴心小提醒】

爸爸妈妈在讲故事的过程中要把"季节变换""青虫化蝶"等自然现象对胎宝宝做出具体的解释，最好能够结合色彩鲜艳的图片进行讲解。

《丑小鸭》

【胎教效果】

这个故事改写自《安徒生童话》，讲述了丑小鸭经过种种曲折成长为一个美丽的白天鹅的故事。丑小鸭对美丽的向往和追求令人感动，在阅读的时候能够让妈妈产生强烈的感情共鸣，激发勇气和信心，战胜孕育过程中遇到的困难，并可让腹中的胎宝宝受到有益的感染。

【故事正文】

有一只母鸭妈妈正在孵蛋，其他的蛋都孵出来了，最大的蛋却一直没有动静。最后，"噼啪"一声，蛋壳裂开了，一只又大又丑的小鸭子从里面爬出来。

这只小鸭子实在是太丑了，哥哥姐姐们都不喜欢他，也不跟他一起玩，还给他起了个外号叫"丑小鸭"。除了母鸭妈妈外，甚至没有谁愿意跟他说话。后来，情况更加糟糕，大家都要把他赶走。

在一个风雨夜，丑小鸭逃走了，一口气跑到了一片沼泽地里，在那里生活的野鸭子也不喜欢他。好不容易遇到了肯跟他聊天的大雁，却又遇到了猎人和猎狗，大雁被猎人打死了，而丑小鸭因为太丑，连猎狗都对他不屑一顾。

丑小鸭逃出了沼泽地，钻进了一户农家，那家的老太太把他当成了母鸭，等了三个星期，也没有等到他下出蛋来。

丑小鸭决定再次离开，他要走到广大的世界中去。在痛苦的流浪中他度过了整整一个冬季。到了春天，他惊讶地发现自己竟然会飞。他飞进了一座美丽的大花园，看见美丽的天鹅在水里游泳。

丑小鸭在天鹅面前觉得更加自卑和绝望了，正在这时，他听见孩子们在叫："来了一只新的天鹅！最美，最年轻，最好看！"

丑小鸭低头一看，在水面上看到了自己的倒影——一只美丽的白天鹅！

【贴心小提醒】

用充满自信的语气将这个故事的寓意讲给胎宝宝听："宝贝，人生中的挫折和痛苦是不可避免的，要学会把它们踩在脚下，只要努力去追求，我们都可以变成'白天鹅'。和妈妈一起加油吧！"

胎教散文

《荷塘月色》（节选）

胎教效果

《荷塘月色》是著名文学家朱自清的一篇散文，文笔优美、想象丰富，妈妈在欣赏时也会沉醉在这美妙的意境之中，有助于缓解不良情绪，消除压力，达到怡情养性的目的，而且也可对胎宝宝进行美感和文学艺术的熏陶。

散文原文

曲曲折折的荷塘上面，弥望的是田田的叶子。叶子出水很高，像亭亭的舞女的裙。层层的叶子中间，零星地点缀着些白花，有袅娜地开着的，有羞涩地打着朵儿的；正如一粒粒的明珠，又如碧天里的星星，又如刚出浴的美人。微风过处，送来缕缕清香，仿佛远处高楼上渺茫的歌声似的。这时候叶子与花也有一丝的颤动，像闪电般，霎时传过荷塘的那边去了。叶子本是肩并肩密密地挨着，这便宛然有了一道凝碧的波痕。叶子底下是脉脉的流水，遮住了，不能见一些颜色；而叶子却更见风致了。

月光如流水一般，静静地泻在这一片叶子和花上。薄薄的青雾浮起在荷塘里。叶子和花仿佛在牛乳中洗过一样；又像笼着轻纱的梦。虽然是满月，天上却有一层淡淡的云，所以不能朗照；但我以为这恰是到了好处——酣眠固不可少，小睡也别有风味的。月光是隔了树照过来的，高处丛生的灌木，落下参差斑驳的黑影，峭楞楞如鬼一般；弯弯的杨柳的稀疏倩影，却又像是画在荷叶上。塘中的月色并不均匀；但光与影有着和谐的旋律，如梵婀铃上奏着的名曲。

荷塘的四面，远远近近，高高低低都是树，而杨柳最多。这些树将一片荷塘重重围住；只在小路一旁，漏着几段空隙，像是特为月光留下的。树色一例是阴阴的，乍看像一团烟雾；但杨柳的丰姿，便在烟雾里也辨得出。树梢上隐隐约约的是一带远山，只有些大意罢了。树缝里也漏着一两点路灯光，没精打采的，是渴睡人的眼。这时候最热闹的，要数树上的蝉声与水里的蛙声；但热闹是它们的，我什么也没有。

贴心小提醒

妈妈在朗读这篇散文时一定要倾注感情，用富有感情的声调将自己的体会传递给胎宝宝，并将文字所展示的艺术幻想世界，用富于想象力的大脑放大并传递给胎宝宝。

本月贴士：纠正胎位

孕28周之后，正常的胎位是枕前位，也就是胎宝宝背朝前、胸向后，两手交叉于胸前，两腿盘曲，头俯曲，枕部最低。这样在分娩时，胎头的枕骨靠近妈妈骨盆的前半部，最容易顺利分娩。

臀位、横位、枕后位、颜面位、额位等都属于不正常胎位。其中臀位和横位比较常见。造成胎位不正的原因很多，如羊水过多或过少、双胎、骨盆狭窄、前置胎盘等等都有可能引起胎位不正，容易导致难产，危害母子生命。因此，从孕8月起，接受产检时要注意的就是通过医生触诊或B超检查尽早发现异常胎位，并及时给予矫正。

孕30~32周之间，可使用胸膝卧位来纠正臀位。首先妈妈需要排空小便、松开裤带，跪姿，胸部紧贴床面，两腿分开，两手前伸，头偏向一侧，臀部抬高，以胸部和膝部的力量支持全身。每天可以做2次，开始坚持5分钟，逐步加长至15~20分钟，一周后复查，如果发现无效可以由医生施行外倒转术，用专业手法慢慢把胎宝宝倒转180度。

对于横位的纠正可以让妈妈采用左侧卧位，根据医生指导的方向轻轻抚摸腹壁，给胎宝宝助力让胎头入盆，每天可以做两次，每次15~20分钟，一周后复查。如自我纠正无效，分娩时可考虑接受剖宫产的分娩方式。

Chapter  10

孕9月
期待中，
继续平和快
乐的胎教

妈妈和胎宝宝有什么变化

怀孕第9个月，胎宝宝的身长会增长到48厘米左右，体重将达到2500克左右，妈妈子宫里的空间变得越来越"拥挤"了，胎动时可以看到胎宝宝的小手、小脚丫、头部的轮廓。胎宝宝的皮下脂肪变得完整，皮肤显得有光泽，胎毛和皱纹逐渐减少，变得越来越"漂亮"了；手指甲和脚趾甲也长到指尖处；这时胎宝宝的肺、中枢神经系统、消化系统等已经基本发育成熟，具备了呼吸和基本的消化能力，即使发生早产，只要精心呵护，宝宝也能够适应子宫外的生活。

怀孕第9个月，妈妈的子宫更为胀大，胃、肺、心脏等内脏器官受压迫的情况加重了，心口闷热，不想进食，心跳、气喘加剧、呼吸困难、尿频等问题会变得更加严重。另外，出现以下几种情况应特别注意。

（1）阴道出血。妈妈可能会出现无腹痛或轻微腹痛的阴道出血，这是前置胎盘的征兆，即胎盘全部或部分覆盖于子宫口或子宫下段。出血量过大的话可能引起妈妈休克或胎儿宫内死亡。因此一定要加以重视，及时入院检查，有必要的话需要施行剖腹产结束妊娠。

（2）宫缩频繁。本月不规则宫缩的情况更多了，频率越来越高，容易造成胎儿宫内窘迫，所以宫缩过于频繁且持续时间长的话，最好能去医院胎心监护。如果出现有规律的宫缩，而且逐渐加强无法缓解，每次持续30秒以上，间隔5～6分钟，则是临产的征兆，需要马上去医院。

妈妈要学会正视分娩恐惧

距离预产期越来越近，妈妈心中的压力也是越来越大，特别是第一次生产的妈妈，常会有很多烦躁、焦虑、抑郁、恐惧等不良情绪，严重时会发展为产前恐惧症，导致妈妈情绪剧烈波动，危害身心健康，还可能导致分娩时产痛加剧、子宫收缩无力，引起难产，更会通过血液循环、激素影响等将不良影响传递给胎宝宝，可能引起宝宝出生后性格不稳定、智力发育落后、免疫力低下等。

妈妈应当正视分娩恐惧，努力调整心态，从容面对生产。

1. 勇敢面对分娩疼痛

分娩时子宫收缩会引起阵痛，这是自然现象，有些妈妈平时对疼痛比较敏感，再加上受到一些影视作品对于产痛过度夸大的影响，不知不觉就在心中将产痛加强、放大，造成了极大的心理压力。事实上，对于产痛的感受每个人的承受力不同，妈妈应该勇敢面对，如果能够树立起信心，学习并掌握一些减轻产痛的呼吸技巧如拉梅兹呼吸法等，保持平静的心态，就能够增强对疼痛的耐受力。

2. 提前了解分娩过程

本月可以先熟悉一下医院的环境，多与医生交流，根据医生的专业指导确定最适合自己的分娩方式，并了解整个分娩的过程。比如，是否选择无痛分娩、剖宫产、导乐分娩多种分娩方式，丈夫是否可以陪产等。分娩的方案确定好，妈妈也就有了思想准备，就能泰然处之，避免不必要的紧张和恐慌。

3. 把注意力转移到别的方面

在生活中，妈妈不要把全部注意力集中到分娩上来，最好不要与家人反复讨论分娩的话题。可以做一些自己感兴趣的事情来分散注意力，比如听音乐、欣赏绿色植物、阅读优美的诗歌、散文等等，既有助于缓解紧张情绪，也能够对胎宝宝进行好的胎教。在这个过程中，爸爸应发挥重要作用，应当尽量陪伴在妈妈身边，给妈妈提供心理和精神上的强有力支持，这种支持是其他家人所无法替代的。

4. 适当运动，调整饮食

很多妈妈因为行动不便，习惯长时间卧床待产，却因为活动量过少很容易出现分娩困难。所以妈妈仍要注意适当运动，可以做一些轻松的散步、幅度小的孕妇体操之类的运动，有助于顺产，减少产痛。另外，妈妈要开始控制饮食了，特别要少吃甜食、油腻高热量的食物，以免胎宝宝长得过大影响顺利生产。

妈妈亲手做蛋糕

做蛋糕需要发挥创造力，过程比较有趣，有助于缓解压力，改善情绪，对胎宝宝的健康成长很有好处。在孕晚期妈妈可以尝试做一做蛋糕，自己做的蛋糕使用的食材都比较健康、营养，没有添加剂、色素等，可以让家人放心食用。

1
选用健康的食材

做蛋糕不宜使用植物奶油，这是一种人造奶油，也就是反式脂肪酸，常吃对身体危害很大，可增加血液中胆固醇的含量，增加血液黏稠度，提高患冠心病、糖尿病、乳腺癌等的风险。而且反式脂肪酸还会影响胎儿、婴幼儿的生长发育，并对中枢神经系统的发育造成不良影响。所以蛋糕用奶油应选择动物奶油，口感更香浓，营养价值也高，另外起酥油、乳化剂、泡打粉等也不宜使用。此外做蛋糕也不宜过度装饰。添加了色素、裱花的蛋糕看上去更加美观诱人，但是却对身体无益。

2
做蛋糕的简单步骤

（1）准备好低筋面粉、鸡蛋、白糖、水。其他食材根据自己的喜好安排。

（2）在烘烤蛋糕前，先预热烤箱。再将鸡蛋打入搅拌桶内，加入白糖，上搅拌机搅打至泛白并成稠厚乳沫状。

（3）倒入面粉，拌匀，加入脱脂淡奶油，放入备用的模具中，抹平，放进烤箱烘烤。

（4）烘烤30~40分钟，蛋糕完全熟透后，即可取出覆在蛋糕板上，冷却后即可食用。

3 不宜食用过多蛋糕

蛋糕中含有大量的糖分和脂肪，能量很高，妈妈不宜多吃，否则会让体重增加过多，会增加一些妊娠并发症发生的危险，而且还会让胎宝宝长得过大，给顺利生产带来困难。所以妈妈更多的还是享受一下做蛋糕的乐趣，至于做好的蛋糕，应分给家人朋友品尝，自己尽量少吃。

本月是教胎宝宝识字的好时候

本月胎宝宝的学习能力更强，慢慢有了感觉、记忆能力和初步的思维能力，爸爸妈妈可以进行识字胎教，能够促进胎宝宝的大脑发育，增加词汇"储备量"。接受过这类胎教的宝宝出生后往往能够较早地理解语言，学说话也较早，能够较好地表达自己的意思，并有浓厚的学习和阅读兴趣，智力得到较好发展。

1 用卡片教胎宝宝识字

妈妈可以给胎宝宝做一些识字卡片，选择一些比较简单、常用的汉字，如大、小、人、口、手、一、二、三等等，用色彩鲜明的签字笔将这些汉字写在卡片上，写的时候速度慢一点，可以边写边念，同时给胎宝宝讲解自己写的是什么字。做好卡片后，每天可以在固定的时候拿出1~5张卡片教胎宝宝识字。

2 多次朗读以加深印象

胎教时，妈妈可以用清晰的声音将要教的汉字反复朗读几遍，注意发音一定要准确，不能用方言发音。在朗读的过程中，妈妈的注意力要集中在汉字上，专注、认真地观察汉字，这样汉字的形状、意思就会自然而然地从妈妈的脑海中传递给胎宝宝。

3 对照实物讲解汉字的意思

妈妈可以将汉字与实物或图片等联系起来，帮助胎宝宝更好地理解汉字的意思。比如教汉字"手"的时候，就可以指着自己的手给胎宝宝解说，同时出示写有"手"字的卡片。并可以将不同的汉字联系起来一起教授，比如爸爸的手是"大手"，妈妈的手是"小手"，这样对"大"和"小"的概念也能让胎宝宝有一个最初的认识。

4 借助趣味儿歌教汉字

儿歌音律朗朗上口，歌词简单生动，把学汉字和念儿歌结合在一起，会使汉字胎教变得更有乐趣，而且胎宝宝在和谐优美的声音中感受爸爸妈妈的爱抚，情感上也会更加满足。爸爸妈妈日常可以多搜集一些这类儿歌作为胎教素材，比如汉字儿歌"秋"：左边绿油油呀，右边红彤彤，天上雁南飞呀，地上的五谷丰。汉字儿歌"明"：太阳哥，月亮弟，轮流值班儿照耀大地，哥哥在西边还未走，弟弟在东边早升起，哥俩会心地笑一笑呀，笑出一道风景好亮丽。

5 随时随地教汉字

在固定时间以外，妈妈也可以随时随地地教胎宝宝识字，将对胎宝宝的知识胎教贯穿于日常生活中。比如，妈妈外出散步时，见到了美丽的花朵，就可以教胎宝宝"花"这个汉字，可以念一念"花"的读音，讲一讲"花"的写法和意思等等。

爸爸别把"焦虑"带给胎宝宝

临近分娩，大家的关注焦点都会集中在妈妈和胎宝宝身上，却忽略了爸爸的心理问题。其实，爸爸也会有"产前焦虑症"，觉得紧张、烦躁、不安、厌倦，这大多是因为爸爸担心妈妈是否能够顺利分娩、胎宝宝是否健康，引起了心理压力所致。也有少部分爸爸还没有对自己角色的转化做好足够的心理准备，对宝宝出生后生活秩序的打乱感到无所适从，因此也会出现焦虑问题。

对于爸爸的产前焦虑症不可忽视，爸爸是家庭的支柱，如果爸爸情绪不稳定，很容易感染妈妈并传递给胎宝宝，影响宝宝的正常生长发育。因此，爸爸一定要及时采取措施，可以从以下几个方面加以缓解。

① 尽可能多地了解孕产知识

爸爸平时可以和妈妈一起学习孕产知识，陪妈妈产检，可以充分了解妈妈孕育的辛苦，也能增强信心，了解妊娠过程中出现的风险绝大部分是可以控制的，从而能够缓解心理压力，放松心情，对妈妈和胎宝宝给予更多的关怀和体贴。

② 充满自信地完成角色的转变

对于自己即将成为人父的事实，爸爸要用平和的心态去面对。要多想想宝贝出生带来的快乐和满足，而生活被打乱等等烦恼并不是最重要的东西。爸爸可以把自己所担心焦虑的问题都写在纸上，并预先想好对策，只要不过多追求完美，尽自己最大的努力给宝宝提供适宜的成长环境就足够了。

③ 学会倾诉心声

心中有烦恼和痛苦的时候，爸爸不要不好意思倾诉，如果总是把情绪藏在心底，会越积越多，造成更多的心理问题。爸爸可以放下"面子"，向长辈、同事、朋友等倾诉自己的担心，这不仅不会受到耻笑，反而能够得到大家的帮助，让许多困扰爸爸的难题迎刃而解。如果有必要的话，爸爸还可以接受专业的心理辅导，能够更快地让自己的身心恢复正常状态。

4 **让自己变得更健康**

除了心理健康之外，爸爸也不要忽视身体健康，身体舒适才能增强自信心。为此，爸爸应该注意合理的作息，保证充足的睡眠，饮食上要注意均衡营养，并可以做些体力运动让自己的身体处于最佳状态，这样才能为迎接胎宝宝的到来做好准备。

这个月的运动和"抚摸"胎教要格外小心

本月妈妈仍需要适度运动，但是千万不可过度，不能用力过大，或抬、扛重物，而一些有针对性的锻炼，应基本停止，以免消耗太多精力而妨碍分娩。另外一些高危产妇，如有先兆流产、先兆早产、胎膜早破、前置胎盘、胎盘早剥、心脏病、妊高征等因素存在，孕晚期就不宜运动，而应以卧床休息为主。

如果妈妈身体条件允许的话，可以做像散步这样的运动，在爸爸或其他家人的陪伴下外出进行短途散步，时间可根据个人的身体情况安排，尽量不要超过半小时，如感觉疲劳就要稍作休息。而长时间的旅游则不宜进行，以免旅途颠簸引起宫缩早产，而且也缺乏必要的入院准备，会有措手不及之感。

另外从本月起最好减少"抚摸胎教"的次数，以免频繁抚摸肚皮引起子宫收缩，导致早产。在做抚摸胎教时手法一定要非常轻柔，首先观察胎动时胎宝宝头部、四肢所处的位置，然后可以轻轻地从胎头部抚摸到背部，再抚摸到四肢。抚摸的时间控制在5分钟以内，如果抚摸时感到胎宝宝轻轻蠕动，可以继续进行。如果胎宝宝用力挣扎或蹬腿，则要立即停止。

爸爸妈妈教胎宝宝认识颜色

孕9月，胎宝宝的视觉已有一定发展，爸爸妈妈可以试着用各种方式刺激胎宝宝对颜色视觉的辨识能力，这样做可以促进胎宝宝的视觉发育，也能增强宝宝对色彩世界的兴趣，丰富想象力。同时，多彩的颜色也能改善妈妈的情绪，让妈妈感觉更美好。

1 调整环境色彩进行胎教

居室环境色彩调配可以影响到妈妈的情绪变化，进而也会对胎宝宝的健康成长产生作用。比如经常处于红色、黑色、金黄色等刺激性较强的色彩环境中，妈妈可能会感觉烦躁、易怒、易激动，而处于浅蓝色、草绿色、浅黄色的色彩环境中，妈妈会感到比较平静、舒适。因此妈妈可以有意识地调整居室色彩安排，并且要注意和胎宝宝"交换意见"，告诉宝宝墙壁是什么颜色，窗帘是什么颜色，看起来感觉怎么样等，通过这种方式也可以让宝宝对五彩缤纷的颜色有所认识。

2 注意服装色彩搭配和谐

妈妈可以根据自己的肤色和喜好来选择服装的颜色，一般来说，淡蓝色、淡粉色、淡绿色、淡紫色等较浅的颜色可适合多种肤色，而黑色、褐色则不适合肤色较深的妈妈，会显得皮肤更加晦暗，精神不好，亮度过大的蓝色、紫色不适合肤色偏黄的妈妈。此外，有妊高征的妈妈不宜选择鲜红色的衣服，可刺激视觉引起兴奋、心跳加速、脉搏变快，血压也会迅速升高，胎动会更加明显。

妈妈为自己搭配好适合的服装颜色后，不要忘记向胎宝宝描述一下自己穿的是什么衣服，都有哪些颜色，这对于胎宝宝色彩感觉的形成和发展很有帮助。

3 发现生活中的多种色彩

在日常生活中，妈妈不要忽视了身边的色彩，可以随时随地教胎宝宝认识颜色。比如妈妈外出散步时，看见了树木和花朵，就可以给胎宝宝描述一下颜色和自己的感觉。在吃水果的时候也可以把每种水果的颜色和外形讲给胎宝宝听。欣赏绘画作品的时候，除了欣赏其构图、意境外，也要欣赏色彩，可以告诉胎宝宝画面上都有什么颜色，搭配得是否和谐等等。在讲解的过程中，妈妈还要注意能在自己的脑海里形成具体生动的印象，这样才能更好地传递给胎宝宝，达到胎教的目的。

4 和胎宝宝一起玩"涂色游戏"

在教胎宝宝认识颜色的同时，可以经常和胎宝宝一起做涂色游戏，宝宝出生后看见色彩就会比较兴奋了。

爸爸妈妈可以购买专门的幼儿涂色游戏画册，这种画册价格不贵，一般由几幅简单的儿童画组成，每张画上只有人物、动物、植物等的线条轮廓，具体的颜色需要爸爸妈妈帮助涂上去。爸爸妈妈可以根据画册上的参考图来涂相应的颜色，也可以发挥想象根据自己的喜好来涂色。但要注意涂色用的水彩笔、蜡笔等应选择安全无毒的。

在涂色时不要忘记让胎宝宝"参与"其中，可以问一问胎宝宝："宝宝，这朵花该涂什么颜色呢？""妈妈把这只苹果涂成绿色可以吗？"涂上颜色后还要告诉宝宝现在画面看起来是什么样的，各种颜色能给人带来什么感觉，哪些颜色搭配在一起更协调好看等等。

当然，涂色游戏不是说说看看就算了，妈妈最好能在自己的脑海里形成印象，让胎宝宝也能有所感知，对色彩的美丽能够多一些感性知识。

爸爸要多给胎宝宝讲寓言故事

　　孕9月的胎宝宝接受能力更强，在做胎教时可以多讲一些寓言故事。这类故事一般都比较简洁有趣，但却蕴含着丰富的寓意，或阐明道理，或给以教训，或进行劝诫。如果能够定时给胎宝宝讲这些故事，不仅可以让胎宝宝有一种安全与温暖的感觉，还可以将这些智慧的道理和寓意传递给胎宝宝，促进宝宝智力、语言能力的发展。由于爸爸低沉、有力的声音是胎宝宝最喜欢的，所以由爸爸来讲，效果是最好的。

1. 讲故事要绘声绘色

　　爸爸可以首先为胎宝宝介绍一下寓言故事的内容，注意不要干巴巴地照本宣科，一定要融入丰富的感情，做到绘声绘色。假如能够结合丰富的表情、动作，就能更好地使胎宝宝受到感染。

2. 给胎宝宝解读故事的寓意

　　讲完故事还不算是结束，爸爸还可以联系生活实际，解读一下故事的寓意，然后还要和胎宝宝进行"交流"，告诉他什么是对，什么是错，什么是寓言所真正想要表达的东西，有助于宝宝将来形成正确的价值观、人生观。比如在讲《盲人摸象》这个故事时，就要告诉宝宝："看事物不能只看到一部分，而应全面了解事物的情况，否则就会像这几个盲人一样闹出笑话。"

3. 选择适合讲给宝宝听的故事

　　不是所有的故事都适合讲给胎宝宝听，爸爸要善于选择那些篇幅短小又趣味盎然、易于理解的故事，而且故事的内容要健康向上，寓意要足够浅显，比如《郑袖剐美人鼻》这个故事中的郑袖口蜜腹剑，手段毒辣，讲这种故事可能会对胎宝宝产生不好的影响，所以爸爸在讲故事前一定要自己先仔细读一读，做好故事的甄别。

胎教音乐

《小夜曲》

【胎教效果】

　　莫扎特的《小夜曲》节奏活泼流畅，充满了明朗、欢乐的情绪，妈妈欣赏有舒缓神经、减轻压力的效果，同时能够获得健康向上的动力，有助于减轻产前恐惧。并可使胎宝宝感受到温馨、唯美、愉快的气氛，也能够培养胎宝宝对音乐的兴趣。

【贴心小提醒】

　　可以将音响设备放在距离妈妈1米处播放，音量以妈妈感觉适中悦耳为佳，每天定时几次，开始时间可以短一些，以后逐渐增加，但不宜超过10分钟。听音乐的时候妈妈精力要集中，才能更好地体会这首乐曲的意境，不要觉得胎宝宝自己听就行了，要和胎宝宝一起投入，不能一边听一边胡思乱想，或是做一些与音乐无关的事情。

《鸟店》

【胎教效果】

　　德国作曲家奈克的作品《鸟店》节奏欢快，旋律优美，能够带给妈妈和胎宝宝美好的音乐体验，小鸟有节奏的欢叫声也能让胎宝宝感受大自然的美丽和生命的活力。

【贴心小提醒】

　　妈妈需要用心体会音乐中所表现的各种形象，为胎宝宝描述不同乐段所表现出的不同情境，比如快速欢乐的音乐是描写了小鸟们在互相追逐，中速描写了小鸟们在做游戏，慢速描写了小鸟们在休息。

胎教影片

《菊次郎的夏天》

胎教效果

这是一部温情喜剧电影，友情、亲情的主题会让妈妈在观影过程中受到感染，产生温馨、幸福、欢愉的感觉，能够缓解产前恐惧，帮助妈妈恢复良好的心态。腹中胎宝宝感受到妈妈心境的变化，也会变得安宁而快乐。

影片简介

自幼丧父的小学三年级学生正男打算趁暑假到外地去看望母亲。邻居阿姨为正男提供了旅费，还安排老公菊次郎陪伴正男一起上路。

可是菊次郎是一个不务正业、喜欢惹是生非的人，在第一天就把旅费全部输光了，只好带着正男步行前往目的地。一路上笑料百出，惹了不少麻烦后，菊次郎终于带着正男到了他母亲的家，但是正男的母亲已经建立了新的家庭，正男十分沮丧。

归途中，菊次郎努力安慰正男，也让正男发现他的内心其实非常温暖善良，二人过得十分愉快，夏天就这么过去了。

贴心小提醒

在欣赏电影之余，妈妈可以和胎宝宝一起倾听这部电影的配乐，特别是主题曲《Summer》简单明快、清新自然、灵动而活泼，会让妈妈和胎宝宝感到无比舒畅。

胎教名画

《头戴珍珠的女郎》

胎教效果

这幅名画是法国画家柯罗的优秀肖像杰作，画中的少女形象具有一种朴素而清新的美感。在欣赏这幅名画时，妈妈的内心也会受到感染而变得充实、沉静，有助于舒缓产前烦恼和焦虑，并且能将美好的心境传递给胎宝宝，有助于宝宝的健康成长。

妈妈可以着重为胎宝宝讲解一下这幅名画在色彩运用方面的独到之处，背景、服饰采用褐色、银灰色的基调，具有宁静感。而少女头戴着树叶编织的花环，阳光从头顶照射下来，将一片树叶投影在少女前额之上，看上去好像戴着珍珠一样，这也是这幅名画的玄妙所在，妈妈在胎教时不要忘记告诉胎宝宝。

胎教诗歌

《雪花的快乐》

胎教效果

徐志摩的这首作品韵律和谐，意境优美，富于音乐感，能够刺激胎宝宝的听觉，促进胎宝宝的听力发展。诗中热烈、真挚的感情也会使妈妈和胎宝宝受到感染，获得愉快、美好的阅读体验。

诗歌原文

假如我是一朵雪花，
翩翩地在半空里潇洒，
我一定认清我的方向。
飞扬，飞扬，飞扬，
这地面上有我的方向。

不去那冷寞的幽谷，
不去那凄凉的山麓，
也不上荒街去惆怅。
飞扬，飞扬，飞扬，
你看，我有我的方向！

在半空里娟娟地飞舞，
认明了那清幽的住处，
等着她来花园里探望。
飞扬，飞扬，飞扬，

啊，她身上有朱砂梅的清香！

那时我凭藉我的身轻，
盈盈的，沾住了她的衣襟，
贴近她柔波似的心胸。
消溶，消溶，消溶，
溶入了她柔波似的心胸！

贴心 小提醒

　　妈妈可以试着拿起画笔，在纸上画出诗中描写的情景，那"清幽的住处""恬静的花园""飞扬的雪花"等，并可以将画出的轮廓讲解给胎宝宝听，能够更好地把握诗歌的意境。

《再别康桥》

胎教 效果

　　这首诗歌诗人徐志摩脍炙人口的作品，它抑扬顿挫，朗朗上口，是锻炼胎宝宝听觉能力极佳的素材，优美的节奏和错落有致的韵律会对胎宝宝的听觉系统产生非常好的刺激。诗中梦幻般美好的意境也会给妈妈带来美好的享受，有改善情绪，缓解产前焦虑的效果。

诗歌 原文

轻轻地我走了，
正如我轻轻的来；
我轻轻地招手，
作别西天的云彩。

那河畔的金柳，
是夕阳中的新娘；
波光里的艳影，
在我的心头荡漾。

软泥上的青荇，

油油地在水底招摇；
在康河的柔波里，
我甘心做一条水草。

那榆阴下的一潭，
不是清泉，是天上虹；
揉碎在浮藻间，
沉淀着彩虹似的梦。

寻梦？撑一支长篙，
向青草更青处漫溯；
满载一船星辉，
在星辉斑斓里放歌。

但我不能放歌，
悄悄是别离的笙箫；
夏虫也为我沉默，
再别康桥，
再别康桥，
沉默是今晚的康桥！

悄悄的我走了，
正如我悄悄的来；
我挥一挥衣袖，
不带走一片云彩。

贴心
小提醒

爸爸妈妈可以朗读这首诗歌给胎宝宝听，
也可以配合欣赏一下台湾歌手蔡琴配乐演唱
的《再别康桥》，旋律低回婉转，咏叹低沉
深情，与这首诗歌的意境非常吻合。

胎教儿歌

《蚂蚁搬虫虫》

胎教效果

这首儿歌非常生动，富有童趣，歌词中蕴含了数字，不仅可以培养胎宝宝对儿歌的热爱，还能加深对数字的印象，对将来数学学习打下基础。

儿歌歌词

小蚂蚁，搬虫虫，
一个搬，搬不动，
两个搬，掀条缝，
三个搬，动一动，
四个五个六七个，
大家一起搬进洞。

贴心小提醒

爸爸妈妈可以先和胎宝宝一起读儿歌，理解内容，可以拿出准备好的蚂蚁图片，告诉宝宝蚂蚁的样子和生活习惯。另外可以准备一些小道具，根据歌词逐个增添数量，对胎宝宝进行数字胎教。最后不要忘记告诉宝宝，这首儿歌还告诉我们一个"人多力量大"的道理，有困难的时候大家一起帮忙，就能够渡过难关。

《学唱数字歌》

胎教效果

这首儿歌吟唱起来朗朗上口，还能让胎宝宝感受数字的形状，非常适合胎教时使用，能够刺激胎宝宝的听神经细胞和大脑皮层细胞，并可培养最初的数学感觉。

儿歌歌词

1像树枝细又长
2像小鸭水上漂
3像一只小耳朵
4像小旗随风飘
5像衣钩墙上挂

6像豆芽开心笑

7像镰刀割小麦

8像两个小圈圈

9像蝌蚪小尾巴

0像鸡蛋做蛋糕

贴心
小提醒

爸爸或妈妈可以多唱几遍给胎宝宝听，唱的时候拿出做好的数字卡片，唱一句对照一张卡片，让宝宝"看看"歌词中对数字形状的比喻像不像。

胎教故事

《聪明的小牧童》

【胎教效果】

这个故事选自格林童话，故事中三个有趣的问题和小牧童的回答都会给妈妈带来乐趣，并可引起富含智慧的思考。将这个故事读给胎宝宝听，也可给予腹中胎宝宝智力、听觉等方面的积极影响。

【故事正文】

很久以前，有一个小牧童，因为家里穷，没有上过学，但他非常聪明，无论别人问他多难的问题，他都能给出一个机灵的回答，大家都很佩服他。

宫里的国王听说了牧童的事，不相信他有这么厉害，就派人把他带进皇宫。看到小牧童清秀可爱的小脸，国王喜欢上了他，对他说："我现在问你三个问题，如果你都能回答出来，我就认你做我的儿子，让你住在宫里。"

牧童不慌不忙地说："请问吧，尊敬的陛下。"

国王想了想，说："第一个问题是大海里有多少滴水？"小牧童不假思索地回答："陛下，要回答这个问题，就需要您先下令把世界上所有的河流、小溪、山川都堵起来，别让一滴水流进大海，然后我就能数到底大海里有多少滴水珠了。"

国王哈哈一笑，说："不错，答得真巧妙。那么回答第二个问题吧，天上有多少颗星星呢？"

牧童回答："给我一张大白纸和一支笔，我就能回答这个问题。"国王十分好奇，马上让人拿来白纸和笔。牧童拿起了笔，在白纸上面不停地点，无数得黑点密密麻麻，根本无法数清。然后牧童说："天上的星星跟这纸上的黑点一样多，请数数吧。"

国王微笑点头道："你确实很聪明。我还有第三个问题，永恒到底有多少秒钟呢？"

牧童回答："在遥远的地方有座高山，有千米高，绵延几里，每隔一百年会有一只鸟飞来，用它的嘴来啄山，等整座山都被它啄光时，永恒的第一秒就结束了。"

国王对这三个答案感到非常满意，拥抱了小牧童。从此以后，小牧童就成了一名王子，过上了幸福快乐的生活。

【贴心小提醒】

读过这个故事后，妈妈可以在脑海中勾勒宝宝将来的样子，是不是会像这位小牧童一样聪明漂亮呢。妈妈还可以将智慧的思维方法教给宝宝，不妨这样对胎宝宝说："宝贝，国王的问题是很难的，可是牧童哥哥换了一个角度思考问题，就回答出来了。我们宝贝以后也要这样勤于思考，去解决难题哦。"

《快乐王子》

【胎教效果】

英国作家王尔德的这篇童话歌颂了最美好最无私的善良，可引起妈妈深深的情感共鸣，也可让胎宝宝在与妈妈的沟通中获得情感的启蒙，对将来养成良好性格是有帮助的。

城市里竖着一尊快乐王子的雕像，他全身上下镶满了黄金叶片，双眼是两颗明亮的蓝宝石，手上拿着一把巨大的长剑，剑柄镶嵌着闪闪发亮的红宝石。

每个路过的人都会停下来对他发出由衷的赞美，他是那么神气又是那么快乐，英俊的脸上永远带着真诚的笑容，大家都喜欢他。

有一只准备到南方过冬的燕子无意中停在快乐王子的雕像下面，却发现王子在哭泣。原来王子看到有户人家的孩子生了重病，却没有钱买药治疗。王子央求燕子帮忙把自己的红宝石给那家送去，燕子同意了。做了这件好事之后，他们俩都觉得很开心很满足。

接着，王子恳求燕子把自己的一只蓝宝石眼睛送给一位快要冻饿而死的剧作家，另一只送给一个可怜的卖火柴的小女孩。这两个人都得救了，王子却再也看不见东西了。

王子又请燕子替他去寻找城市里所有需要帮助的穷人，把身上一片一片的金叶子啄下来分给大家。这件好事做完后，快乐王子的雕像变的黯淡无光，非常难看。而燕子也因为没有及时赶去南方，被冻死在了王子的脚下。燕子的死去让快乐王子难过极了，他那颗用铅做成的心碎成了两半。

第二天，城市的市长发现快乐王子不再美丽，就命人把他推倒，放进炉里熔化了。而那颗破碎的心怎么也熔化不了，他们就把它和死去的燕子一起丢进了垃圾堆。

这时，上帝正派遣天使取走城市里最珍贵的东西，天使毫不犹豫地带走了铅心和燕子。在上帝的花园里，燕子和快乐王子都活了过来，他们可以永远享受真正的快乐了。

爸爸妈妈可以用自己的语言将这个故事讲给胎宝宝听，可以重点描述快乐王子的英俊、燕子的样子、卖火柴小女孩的形象等等，以增强人物的形象感。

胎教散文

《匆匆》

胎教
效果

朱自清的这篇散文文笔细腻，表达了对时光流逝的无奈和惋惜。清秀隽永的文字能够带给妈妈和胎宝宝美好的艺术享受，也能为培养宝宝的语言运用能力打下良好的基础。

燕子去了，有再来的时候；杨柳枯了，有再青的时候；桃花谢了，有再开的时候。但是，聪明的，你告诉我，我们的日子为什么一去不复返呢？——是有人偷了他们罢：那是谁？又藏在何处呢？是他们自己逃走了罢：现在又到了哪里呢？

我不知道他们给了我多少日子；但我的手确乎是渐渐空虚了。在默默里算着，八千多日子已经从我手中溜去；像针尖上一滴水滴在大海里，我的日子滴在时间的流里，没有声音，也没有影子。我不禁头涔涔而泪潸潸了。

诗歌
原文

去的尽管去了，来的尽管来着；去来的中间，又怎样地匆匆呢？早上我起来的时候，小屋里射进两三方斜斜的太阳。太阳他有脚啊，轻轻悄悄地挪移了；我也茫茫然跟着旋转。于是——洗手的时候，日子从水盆里过去；吃饭的时候，日子从饭碗里过去；默默时，便从凝然的双眼前过去。我觉察他去的匆匆了，伸出手遮挽时，他又从遮挽着的手边过去，天黑时，我躺在床上，他便伶伶俐俐地从我身上跨过，从我脚边飞去了。等我睁开眼和太阳再见，这算又溜走了一日。我掩着面叹息。但是新来的日子的影儿又开始在叹息里闪过了。

在逃去如飞的日子里，在千门万户的世界里的我能做些什么呢？只有徘徊罢了，只有匆匆罢了；在八千多日的匆匆里，除徘徊外，又剩些什么呢？过去的日子如轻烟，被微风吹散了，如薄雾，被初阳蒸融了；我留着些什么痕迹呢？我何曾留着像游丝样的痕迹呢？我赤裸裸来到这世界，转眼间也将赤裸裸的回去罢？但不能平的，为什么偏要白白走这一遭啊？

你聪明的，告诉我，我们的日子为什么一去不复返呢？

> **贴心
> 小提醒**
>
> 爸爸妈妈要充满感情地给胎宝宝朗诵这篇散文，同时可以告诉胎宝宝"时间是宝贵的，要珍惜时间"这个道理。在与胎宝宝进行交流时，一定要倾注情感，将自己的阅读体会通过富有感情的声调传递给胎宝宝。

本月贴士：密切关注早产迹象

从怀孕28周到37周之间，如果胎宝宝提前降生，由于器官发育还不健全，很容易出现危险。所以妈妈要特别注意观察身体变化情况，如果出现阴道出血，伴有规律性的宫缩（每10分钟有1次宫缩持续20～30秒）、持续性下腹痛、破水（阴道有温水样的东西流出）等异常情况出现，应及时去医院接受检查。

引起早产的原因有很多，如羊水过多、前置胎盘、双胎或多胎等等，也有妈妈患有心脏病、肾病、糖尿病、妊高征等疾病因素。因此为了预防早产，妈妈应定期接受产前检查，积极治疗疾病。

进入孕9月后，妈妈要特别小心不要跌倒、滑倒，以免撞击腹部引起早产。平时注意不要去人多拥挤的地方，上下楼梯的时候也要小心。如果需要去卫生间洗澡、上厕所，最好穿上防滑的拖鞋，并请爸爸或其他家人陪伴。同时，妈妈要注意多休息，避免睡眠不足，过度疲劳。如果本月还在照常上班，则应当同单位协商，适当增加工间休息的时间。如果在家里做家务活，应做半小时左右就休息约10分钟。另外，孕晚期应当减少性生活，预产期的前6周则应完全停止性生活。一方面是为了防止爸爸不小心压迫到妈妈腹部引起危险，另一方面则是为了避免频繁性生活引起生殖道感染，引发早产、破水等。

此外，本月不宜频繁或用力地抚摸、拍打妈妈的肚皮，否则容易刺激到子宫，引起宫缩，甚至出现早产和胎盘早剥的危险。如果一定要抚摸肚子，孕妇也要注意力度和时间，一旦胎动频繁就要马上停止。

Chapter 11

孕10月
将胎教
进行到底

妈妈和胎宝宝有什么变化

1

**孕10月胎宝宝
的生长和发育
情况**

怀孕第10个月，胎宝宝的皮下脂肪继续增厚，皮肤变得光滑，身长、体重继续增加，骨骼更加结实，指甲、头发继续生长，内脏器官已经比较发达，具备了在母体外生存的条件。在本月出生的宝宝都可以被称为"足月儿"。

这时胎宝宝在孕妇腹中的位置在不断下降，正常情况下胎宝宝的头部会嵌于孕妇的骨盆之内，这样宝宝的活动也会受到限制，变得比较安静起来。胎宝宝所处的羊水已经由清澈逐渐变成浑浊的乳白色，胎盘也逐渐退化。但是胎宝宝和妈妈的联系还是非常紧密的，胎宝宝的感觉器官和神经系统可对母体内外的各种刺激做出反应，会在妈妈腹中自动转向光源，能敏锐地感知妈妈的思考、情绪以及对自己的态度。

大多数的胎宝宝都将在怀孕第40周诞生，但如果提前两周或推迟两周出生也属正常。如果推迟两周后还没有临产迹象，就需要采取催产、剖宫产等措施尽快生下宝宝，否则可能发生危险。

2

**孕10月妈妈的
身体变化情况**

随着胎儿位置的不断下降，妈妈会感觉到胃和心脏受到的压迫感减轻了，可是膀胱和直肠的压迫感却大为增强，尿频、便秘、水肿、腰腿疼痛的问题将更加严重，下肢也有难以行动的感觉。妈妈的身体也已经为分娩做好了准备，子宫颈和阴道逐渐变得软化、容易伸缩，分泌物增加，有利于润滑产道，使分娩得以顺利进行。

在此阶段，有一些象征临产的"讯号"是应当重视的，比如在正式分娩前两周左右，孕妇会出现子宫底下降、腹部向前下部凸出现象；分娩前的24小时内阴道可能有血性分泌物，是由于子宫颈口扩张导致毛细血管破裂造成的，俗称"见红"；临产前还会出现有规律的子宫收缩，一般每隔2~3分钟宫缩一次，持续约半分钟；随着宫缩逐渐加强，子宫腔内压

> 力增高，促使羊膜囊破裂，会有淡黄色的羊水流出，也就是常说的"破水"。这些临产"讯号"的出现，预示着即将分娩，可以做入院待产的准备了。

爸爸妈妈做好迎接宝宝的准备

爸爸妈妈可以着手进行产前的各种准备工作了，一方面可以从容迎接胎宝宝的到来，不至于临产之际有手忙脚乱之感，另一方面也能暂时转移妈妈的注意力，减轻分娩前的焦虑、恐惧和不安，对于腹中的胎宝宝的健康成长也是有好处的。

在产前要做的工作有这样几方面：

1 为胎宝宝准备舒适清洁的居住环境

本月应进行一次彻底的居室大扫除，给妈妈和宝宝布置一个清洁卫生的居住环境。如果之前装修过婴儿房，此时更要注意做好通风工作，以免装修留下的有害气体等影响宝宝的呼吸系统健康。因为妈妈此时行动不便，也不适宜进行体力劳动，所以这方面的工作主要由爸爸和其他家人完成。

2 熟悉上医院的路线安排

此时应该已经确定了生产的医院，爸爸可以抽时间专门勘探一下从家去医院需要多长时间，用什么交通工具最安全快速，并最好寻找到一条备用的路线，以防遇到交通拥堵无法按时入院引起危险。

3 至少进行一次分娩"预演"

可以全家人一起模拟一次完整的入院、待产、分娩过程，想象从妈妈有临产征兆开始，家人应该做好哪些工作，是先给医生打电话还是直接入院，谁负责全程照顾妈妈，谁负责办理入院手续等等，由此真正做到心中有数。

4 安排好"后勤"保障工作

由于本月妈妈可能随时"发动"（即出现临产征兆），所以家人应安排好轮流"值班"，保证随时有人守护在妈妈身边，关注妈妈的身体状况。另外，还需要分配好入院后的"任务"，比如谁在医院照料妈妈和宝宝，谁在家中料理家务，送饭送菜等等。此外，爸爸妈妈还要安排好工作上请假、交接班等事宜，从容不迫迎接分娩。

5 准备入院时妈妈和宝宝的各种用品

以下仅列出了比较重要的一些用品，爸爸妈妈可根据自己的需要和医院提供的用品来进行增减，最好能够事先拟好一个详细的用品清单，这样准备起来就会更加全面且有条不紊了。

（1）**宝宝用品**。包括喂哺用品：奶瓶（至少2个，喂奶喂水各1个）、奶瓶刷、小勺子、配方奶粉、葡萄糖；卫生用品：纸尿裤、纯棉尿布、湿纸巾、小毛巾、手帕、大浴巾、棉球、爽身粉；婴儿衣物：纯棉内衣、连体婴儿服、婴儿帽、袜子、包巾或包被。

（2）**妈妈用品**。包括个人证件：身份证、准生证、结婚证、户口本、母子健康手册、病历等；卫生用品：牙刷、牙膏、梳子、毛巾、脸盆、卫生巾；换洗衣物：内衣内裤、睡衣睡裤、哺乳胸罩、拖鞋等。

妈妈用"意想"克服产前焦虑

临近分娩妈妈的情绪也会变化无常，产前焦虑会让妈妈特别烦躁、不安，甚至可引起失眠、难产、抑郁症等，这时候，妈妈可以试试"意想调节法"，也就是通过意念想象，使生理和心理放松，不仅能够消除疲劳、镇静情绪、振奋精神，从容面对分娩，也能够让腹中胎宝宝感到放松和安静，有助于健康成长和发育。

具体来看，意想调节法可以从以下几方面入手。

1 想象自己处于舒适的环境中

　　妈妈可以尽情发挥想象，感觉自己正置身安静的自然环境中，能够让身心舒畅、烦恼消除，有助于缓解产前焦虑。比如，想象自己正在一望无际的大海边，迎着舒适的海风，踩着松软的沙滩，悠闲的散步，或是全身心放松地、静静地仰卧在海滩上，感觉到了阳光照射的温暖。

2 自我暗示帮助身心放松

　　妈妈先尽量排除脑海中的杂念，集中精力进行自我暗示，可以通过重复默念或喃喃自语一个短句来实现对身心的调节。比如想象在浴盆中放满了热水，先将双手伸进浴盆，感到指尖很温暖，接着手背、手心、手臂都感到了暖流，然后是双脚、双腿、躯干，直到感觉舒服的暖流走遍全身，同时对自己重复默念"很温暖、很舒服"。再比如失眠的时候可以用自我暗示的办法默默念诵："我的大脑皮层在松弛，血压在渐渐降低，心跳在变缓，呼吸在放慢，肌肉在放松，下肢变得沉重，整个身体从里到外都慢慢地进入了休息状态。"这样，反复念诵，大脑的紧张状态很快就会消失并进入睡眠状态。

3 在想象中和胎宝宝进行对话

　　妈妈还可以想象一下腹中的胎宝宝，想象宝宝的各个身体部位，把宝宝当成一个站在自己面前的活生生的孩子，并和他一起进行"交谈"。这能够激发妈妈对胎宝宝的爱意，使得妈妈对分娩的期待超过了恐惧和焦虑，有助于缓解情绪问题。

4 注意事项

　　（1）意想调节法每天早、晚可以各进行一次，时间不宜过长，以免引起疲劳，一般10~15分钟即可。

　　（2）做意想调节法需要保持精神集中，如果思绪太过杂乱，情绪非常不佳则不宜进行，也难以达到效果，应等心情比较平静的时候再进行。在进入意想的状态前应先闭上眼睛，放松身心，做深呼吸，把注意力集中在呼吸次数上，当数到25~30次时，开始停止计算，投入想象中。

　　（3）使用意想调节法，要充满信心才能获得满意的效果。当然，如果妈妈的产前焦虑程度非常严重，通过自我调节效果不大，则应及时找医生诊治。

本月爸爸要做哪些事情

进入孕10月，爸爸要做好很多准备工作，比如要清扫整理居室、购买物品用具、安排入院路线等等，更重要的则是要对妈妈和胎宝宝多一些关爱和呵护，尽到做丈夫和父亲的责任。

1. 要多陪伴妈妈

爸爸应该提早安排好工作日程，不做远途出差，并尽量减少社交活动，让自己保持比较空闲的状态，能够随时陪伴妈妈，以减轻她不安无助的情绪。如果爸爸需要暂时外出，也一定要告知妈妈自己的目的地和外出的时长，并注意保持手机等联络方式畅通，让妈妈可以随时找到自己。

2. 关注妈妈的身体状况

爸爸应多分担家务，并为妈妈提供一些富有营养的健康饮食，保证妈妈有充足的体力应对分娩。如果能够抽出时间的话，最好能陪准妈妈一起参加呼吸运动和按摩减痛的训练。同时爸爸应多看一些关于妊娠的书籍，了解分娩的迹象，并主动督促妈妈按时去医院接受检查。在妈妈出现"破水""见红"时，爸爸能予以辨别并能采取相应的措施。

3. 对妈妈进行心理抚慰

在妈妈出现产前焦虑的时候，爸爸要更加体贴爱护妈妈，及时安慰、开导，并可以和妈妈一起散步、听音乐、看电影等，以帮助妈妈克服心理不适。同时可多多赞美和鼓励妈妈，对妈妈的辛苦付出给予高度肯定，从而带给妈妈信心和支持，让妈妈勇敢面对即将到来的分娩。

4. 增进与胎宝宝的感情

本月爸爸可以继续与胎宝宝对话，或念诗歌、讲故事、唱歌给胎宝宝听。在和胎宝宝沟通时，一定要有耐心和爱心，告诉胎宝宝"我们终于要见面了，爸爸非常期待你的到来"等等。通过这些方式增进与胎宝宝的感情，宝宝诞生后和爸爸之间也会更加亲密。

妈妈了解缓解"产痛"的方法

　　分娩时子宫收缩会引起阵痛，这是每个妈妈都要经历的。对此妈妈不要过于恐惧，应当说服自己理性看待。可以了解一些缓解产痛的方法，有助于减轻心理压力，增强顺利生产的信心和勇气，可以使妈妈保持平静的心态，迎接宝宝的降生。

1 调整呼吸法

　　将注意力集中到规律的呼吸上，可使紧张的肌肉放松，有效缓解产痛、缩短产程。如果妈妈在之前学习过拉美兹呼吸法，本月可以继续做巩固练习，分娩时就能"学以致用"了。

2 音乐放松法

　　音乐在分娩时能够让妈妈放松情绪，缓解压力，减轻疼痛，如果听到的是平时进行放松训练、冥想训练时经常使用的乐曲，放松的效果会更好。

3 想象放松法

　　可以练习一下想象放松的办法，想象吸气时，松弛进入自己的身体，而呼气时，紧张和疼痛离开身体，想象子宫颈已经变得柔软而有弹性，这样有利于分娩的顺利进行。

4 按摩止痛法

　　分娩过程中可以一边调整呼吸，一边适当按摩，如吸气时，两手从下腹部两侧向腹部中央按摩，呼气时从腹部中央向两侧按摩。也可以双手握拳按压腰部、耻骨联合处，起到通经活络、舒缓疼痛的作用。

5 无痛分娩法

　　所谓无痛分娩并不是真的"无痛"，而是尽可能减轻分娩时的体痛，一般可采用的办法有导乐镇痛、静脉或肌内注射镇痛剂、硬膜外麻醉等，妈妈可以事先了解一下这些镇痛方法，再决定是否选用。比如导乐镇痛，就是在有分娩经验、良好沟通技巧的助产士陪伴下分娩的过程，助产士会对妈妈进行心理抚慰，引导妈妈正确呼吸和用力，还会适时给予适当的按摩或压迫，有助于减轻产痛。

给胎宝宝多想几个好听的名字

本月爸爸妈妈可以开始给胎宝宝起名了，起名的过程需要爸爸妈妈倾注爱心，并动脑去思考，还要查阅字典、书籍，搜集大量的汉字，这对于胎宝宝来说也是一种间接的胎教，有助于智力的提高，而且能够让胎宝宝感受到爸爸妈妈的宠爱，有利于培养亲密的亲子关系。对于妈妈来说，给宝宝起名是非常有乐趣的事情，能够转移妈妈的注意力，缓解分娩前的忧虑不安。

关于起名有很多讲究，其中有很多要求名字符合五行八字、生肖属相、数理格局等等的说法，爸爸妈妈可以将其看作是有趣的参考，但不必过度迷信，在起名的时候，还是要多从字音、字义上考虑，给胎宝宝起一个好听又有意义的名字。

1. 有较好的字音

（1）不要用多音字

汉字中有很多多音字，用来起名，就会让别人难以判断名字的读法。比如"沈朝辉"这个名字中"朝"可以读 zhāo，也可以读 cháo，使用起来很不方便。

（2）注意音调平仄配合

一、二声为平，三、四声为仄。如果名字同是平音或仄音念起来就会觉得不够好听，如"张冰清""冯晴萍"这样的名字读起来就有绕口、不响亮的感觉。

（3）不要用相同的声母和韵母

声母或韵母发音相同，读起来就会有拗口难念的感觉，比如声母相同的"祝竹珍"和韵母相同的"王江阳"等，读起来都有些费力。

（4）注意名字的谐音

爸爸妈妈给宝宝起好名字以后，要反复读一读，看看是否有意义不好的谐音。比如姓"杜"起名"子腾"，本来寄托了很好的寓意，但是姓和名字连在一起念却让人想到"肚子疼"，非常不雅。

2. 有较好的字义

选择意义吉祥健康的字

也就是说给宝宝起名要选择吉祥而富有内涵的汉字，把爸爸妈妈对宝宝的期望融入其中，比如"俊""清""良""颖""睿""娟"等汉字都可以作为宝宝的名，但是要注意和姓相匹配。

避免使用意义俗气的词

像"有财""富贵""狗蛋""翠花""锁柱"这样的名字在社会交往中已经逐渐被淘汰，爸爸妈妈在起名的时候要避免使用。

名字的意义符合宝宝的姓名

不要给男孩起女性化的名字，或给女孩起过于男性化的名字，这样将来在社会交往中使用会造成麻烦。比如一位叫"王美琴"的男士，出差开会时经常被当成女宾安排接待，令他非常尴尬，这就是父母起名时没有考虑性别因素造成的后果。

3. 起名不要过于追求个性

不要使用生僻字

比如"荀顗"这个名字中的"顗（音yǐ）就属于生僻字，大多数人叫不出准确的字音，会影响正常就学、社交。还有的生僻字甚至无法在计算机中输入，在户口登记、办理证件及多种业务时都会遇到麻烦。

不要起过于洋化的名字

有些年轻的爸爸妈妈想给孩子起个日式、美式的名字，觉得这样比较时尚，如"唐刘莎子""朱珍妮""王约翰"等，但这样的名字却会给人不伦不类的感觉，也缺乏亲和力，不利于建立良好的人际关系。

| 不使用字母、数字、符号、繁体字等 | 如果把名字起成"王C""李6"等等,虽然能够吸引人的注意,但却显得非常怪异,也缺乏音韵美和意义美。 |

4. 尽量避免重名

尽量起双字名

单字名重名的概率很大,如"李刚""王红""杨柳"等名字重复率太高,容易给孩子造成麻烦。如果用双字名如"李汝刚""王映红""杨柳青"等重名率就会低很多。

回避常用名

起名的模式不要太雷同,使用率极高的人名用字应尽量回避,为了做到这一点,爸爸妈妈可以先上网查询一下名字的使用率是否过高。

胎宝宝喜欢爸爸读唐诗

本月爸爸可以继续对胎宝宝进行语言胎教,给宝宝一些声音的刺激。唐诗是非常好的选择,不仅可以锻炼胎宝宝的感官能力,培养对诗歌艺术的兴趣,还有利于促进妈妈心情愉悦,有助于宝宝健康发育。而且爸爸念唐诗的声音是宝宝最喜欢的中、低频调,能够唤起宝宝最积极的反应,有益于宝宝出生后的智力及情绪稳定。

在做唐诗胎教的时候,爸爸要注意以下几点。

1. 要有开场白和结束语

在开始念唐诗前,应该用能够促使胎宝宝形成自我意识的语言做开场白,比如:"宝贝,你好,爸爸又来和你对话了,今天爸爸准备了一首唐诗,要念给你听。"同样,念完唐诗后,要对胎宝宝给予鼓励:"宝贝,你听得很认真,你是一个聪明的孩子,爸爸爱你。今天就学习到这儿,再见!"

2. 音量不宜过高

爸爸念唐诗应用平静的语调开始，随着诗歌内容的展开再逐渐提高声音，不能一下子发出高音而惊吓胎宝宝。

3. 做好准备工作

唐诗语言一般都很简练，但却意义丰富，意境深远，需要反复揣摩才能了解和领会。为了达到理想的胎教效果，爸爸需要备足"功课"，对不认识的字要先查字典，以保证自己能够念准字音。而且还要多看诗歌译文和赏析，提升自己的文化修养，才能对宝宝产生一种潜移默化的影响。

紧张的时候让"绘画"帮忙

距离分娩的日子越来越近，妈妈可能会感到非常紧张、焦虑，这时不妨拿起画笔，在雪白的画纸上尽情作画，能够达到释放内心情绪的目的，可以帮助妈妈缓解压力，让心情逐渐恢复平静，对于腹中胎宝宝也能起到抚慰的作用，而且还能让宝宝加深对色彩的认识。

1　先在脑海中"成像"

无论准备画什么内容，妈妈都要调动自己的想象力，现在脑海中作画，这样拿起画笔就更加胸有成竹，而且也能通过视觉化的过程对胎宝宝进行潜移默化的胎教影响。

2　一边画一边与胎宝宝对话

妈妈可以一边画一边告诉胎宝宝画的是什么样的景色或人物，使用了哪些颜色，并且问一问宝宝的"意见"：这样配色是否合适？画出来的人物像不像等等。

3　带着愉快的心情作画

不要强迫自己像做美术作业一样作画，而要带着愉快、自愿的心情画画，这样才能可以释放内心情绪的目的。同时要认识到所画的作品无须给他人欣赏，所以不一定要追求完美，而更应该作画的时候自己是否做到了一直保持镇定，以及是否有与胎宝宝共同参与的感觉。

运动胎教

下肢运动

胎教效果 这个动作能够锻炼大腿内侧及背部的肌肉，并可增加体力，减少肌肉紧张，有助于顺利生产。而且运动时的呼吸动作有助于放松心情、改善情绪，对于腹中胎宝宝的健康成长也是有好处的。

运动次数 5~6次

辅助用具 瑜伽垫

完整动作

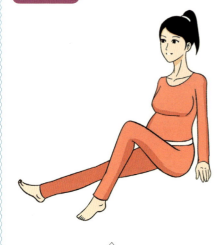

1　坐在瑜伽垫子上，右腿向前伸直，左腿贴近身体弯曲。

2　双手撑地，在身体后面支撑住身体，舒展背肌。

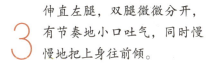

3 伸直左腿，双腿微微分开，有节奏地小口吐气，同时慢慢地把上身往前倾。

4 双手从后方提到身体前方，撑地支撑住身体，坚持10秒。再换腿进行。

贴心小提醒 如果感到伸直腿部有困难，也可以略微屈膝。另外，身体前倾的时候动作宜缓慢轻柔，注意不要压迫到腹部。

腿部转动

胎教效果 这个练习能够锻炼盆腔附近的肌肉，加强会阴的弹性，有助于顺利生产，减少产程。

运动次数 4～6次

辅助用具 椅子

完整动作

1　站立，手扶椅背，右脚固定站稳、左脚以右脚为圆心，做画圆圈的转动动作。

2　左脚停止转动，恢复站姿，放松并稍加休息后再以左脚为圆心，右脚做画圆圈的转动。

贴心小提醒　做练习时需要家人的配合，比如可以让爸爸坐在椅子上帮助固定，以免椅子倾倒发生危险。另外，妈妈做腿部画圈的动作力度和幅度都不宜过大，动作以轻巧柔和为宜。

胎教音乐

《彼得与狼》

胎教效果　苏联作曲家普罗科菲耶夫的这首作品运用乐器来讲述一个有趣的童话故事，旋律欢快活泼，妈妈倾听时会感到身心放松，压力得到缓解，能够改善产前焦虑、恐惧、烦躁等不良情绪，对胎宝宝的健康成长发育也有帮助，并且还能促进宝宝听力的发展，培养宝宝对音乐的热爱。

贴心小提醒

爸爸妈妈可以一边欣赏乐曲一边为胎宝宝朗诵《彼得与狼》的故事，使音乐胎教、语言胎教相得益彰。欣赏完毕还可以给胎宝宝讲讲故事的寓意：面对强大的敌人不要害怕，只要和伙伴们团结起来，发挥聪明才智，勇敢去斗争，就能够战胜敌人。

《金蛇狂舞》

胎教效果

这是我国的经典民乐，由聂耳整理改编，乐曲的旋律昂扬，热情洋溢，能够使妈妈和胎宝宝受到喜庆、欢快气氛的感染，可缓解妈妈产前焦虑、烦躁等情绪，并可振奋精神，帮助妈妈以积极乐观的态度面对分娩。

贴心小提醒

在收听乐曲的时候，妈妈可在脑海中构想江南水乡人民在节日赛龙舟的热闹场面，也可以用筷子或手指轻轻在桌面上敲打鼓点节奏，从侧面培养胎宝宝的乐感。

胎教名画

《日出·印象》

胎教效果

莫奈的这幅写生画景色充满生机，笔触活泼生动，光与色的运用极富创造力，能够带给妈妈美的享受，可使妈妈获得轻松、愉快的观赏感受，并可通过感官传递给胎宝宝，有助于促进视觉、智力的发展。

贴心小提醒

妈妈可以用生动的语言为胎宝宝描绘自己从画中看到的景象和获得的感受，特别要强调画中的色彩运用，如"晨雾笼罩着海港，一轮生机勃勃的红日拖着海水中一缕橙黄色的波光，冉冉升起"。

胎教诗歌

《乘着歌声的翅膀》

胎教效果

　　德国诗人海涅的这首作品诗句优美动人，充满想象力，妈妈在阅读时会被诗中甜蜜、宁静、温馨的氛围所感染，产生轻松、愉快的情绪，有助于缓解产前焦虑。腹中胎宝宝感受到妈妈情感的变化，也可受到抚慰，变得安宁和快乐。

诗歌原文

　　乘着那歌声的翅膀，
　　心爱着的人，
　　我带你飞翔。
　　走到恒河的岸旁，
　　那里有最美的好地方。
　　一座红花盛开的花园，
　　笼罩着寂静的月光。
　　莲花在那儿等待，
　　她们亲密的姑娘。
　　紫罗兰轻笑耳语，
　　抬头向星星仰望。
　　玫瑰花把芬芳的童话，
　　偷偷地在耳边谈讲。
　　跳过来静静里倾听的，
　　是善良聪颖的羚羊。
　　在远的地方喧嚣着，
　　圣洁河水的波浪。
　　我们要在这里躺下，
　　在那棕榈树的下边。
　　沐浴着爱情和恬静，
　　沉醉于幸福的梦幻。

贴心
小提醒

　　在朗读的时候，可以播放门德尔松为这首诗歌谱的同名乐曲，旋律舒缓、温柔、甜蜜，有助于更好地领略诗歌的意境。

《我沿着初雪漫步》

胎教
效果

　　俄国诗人叶赛宁的这首诗歌洋溢着生机和欢乐，表达了大自然的热爱和赞叹之情。妈妈在欣赏这首诗歌时也能够受到感染，可减轻烦闷、孤独、沮丧等负面情绪，并可激发对生命的热情，有助于缓解产前焦虑。诗歌充满梦幻色彩的意境及优美新奇的比喻等也能给胎宝宝以有益的刺激，有助于提升智力、听力，并可为将来语言能力的学习打下基础。

诗歌
原文

　　我沿着初雪漫步，
　　心中的力量勃发像怒放的铃兰，
　　在我的道路上空，夜晚，
　　把蓝色小蜡烛般的星星点燃。

　　我不知道那是光明还是黑暗？
　　密林中是风在唱还是公鸡在啼？
　　也许田野上并不是冬天，
　　而是许多天鹅落到了草地。

　　啊，白色的镜面的大地，你多美！
　　微微的寒意使我血液沸腾！
　　多么想让我那炽热的身体，
　　去紧贴白桦袒露的胸襟。

　　啊，森林的郁郁葱葱的浑浊！
　　啊，白雪覆盖的原野的惬意！

多想在柳树的枝杈上，

也嫁接上我的两只手臂！

**贴心
小提醒**　　有感情地朗读这篇诗歌，最好由爸爸来朗读，可以更好地表现富有激情和力量的诗句。对于铃兰、星星、天鹅、森林、白雪等意象可以结合实物卡片来讲解给胎宝宝听。

胎教儿歌

《对数儿歌》

**胎教
效果**　　这首儿歌清新愉快，朗朗上口，妈妈念给胎宝宝听，可对宝宝大脑和感觉的发育起到良好的刺激作用。并且儿歌中还融入了数字、动物等常识知识，对宝宝也能起到智力启蒙的促进作用。

**儿歌
原文**

我说一，谁对一，哪个最爱把脸洗？

你说一，我对一，小猫最爱把脸洗。

我说二，谁对二，哪个尾巴像扇子？

你说二，我对二，孔雀尾巴像扇子。

我说三，谁对三，哪个跑路一溜烟？

你说三，我对三，兔子跑路一溜烟。

我对四，谁对四，哪个圆圆满身刺？

你说四，我对四，刺猬圆圆满身刺。

我说五，谁对五，哪个蹦跳上大树？

你说五，我对五，猴子蹦跳上大树。

我说六，谁对六，哪个扁嘴水里游？

你说六，我对六，鸭子扁嘴水里游。

我说七，谁对七，哪个叫人早早起？

你说七，我对七，公鸡叫人早早起。

我说八，谁对八，哪个鼻子长又大？

你说八，我对八，大象鼻子长又大。

我说九，谁对九，哪个沙漠天天走？

你说九，我对九，骆驼天天沙漠走。

我说十，谁对十，哪个耕地有本事？

你说十，我对十，黄牛耕地有本事。

贴心小提醒

可以结合妈妈之前做的数字和动物胎教卡片一起念这首儿歌，每念一句，妈妈出示一张对应的数字卡片和动物卡片，并给胎宝宝稍作讲解，将逻辑思维和形象思维相结合，这样胎教效果更好。

《世界真美好》

胎教效果

这首儿歌是幼儿园通用的广播体操歌曲，歌词朗朗上口，富有童趣，歌词中描绘了多种小动物的生动可爱的形象，并且鼓励小朋友培养良好的个人习惯，非常适合胎教时欣赏，能够对胎宝宝产生健康积极的影响。

儿歌原文

大公鸡喔喔叫，外面的世界真美妙。小朋友们排好队，大家快快来做操。

间隔距离要保持，大家都要准备好。

小海鸥，真勇敢，飞的高来飞的远，我们学习小海鸥，不怕辛苦不怕难。

小花猫，喵喵叫，摇摇脑袋舔舔毛，养成卫生好习惯，做个健康的乖宝宝。

企鹅弟弟站一排，走起路来摇又摆，遵守规则不胡闹，快快乐乐做游戏。

大象伯伯慢慢走，伸伸鼻子仰仰头，见到老人问个好，大家夸我有礼貌。

小青蛙呱呱叫，妈妈妈妈不见了，我们一起帮助他，找到妈妈哈哈笑。

小黄莺高声叫，小朋友们齐欢笑，天天锻炼身体棒，我们的世界真美好。

贴心小提醒

可以在清晨宝宝醒来有胎动的时候播放1~2遍，妈妈可以配合做一些简单的体操动作，有助于宝宝养成早睡早起的规律作息。这首儿歌节奏感很强，注意播放的时候音量略轻一些，以免惊吓到胎宝宝。

胎教故事

《田忌赛马》

【胎教效果】

这个故事出自《史记》，孙膑发挥聪明才智解决问题的故事对胎宝宝能够形成有益的刺激，有助于促进胎宝宝的智力发育。

【故事正文】

古时候，齐国有个大将叫田忌，非常喜欢赛马。可是田忌家的马并不是最强的，每次和齐威王的御马比赛都会失败，这让田忌很是不满。

有一次田忌赛马又输了，又被那些豪门子弟耻笑了一番，又羞又气地回到家里。正好朋友孙膑前来拜访，见他这么沮丧，孙膑就问他比赛是怎么安排的。田忌垂头丧气地说："我家的马品质都太差，上等马跑不过人家的上等马，中等马跑不过人家的中等马，下等马跑不过人家的下等马，每次都是输。"孙膑听完哈哈大笑："原来如此，你尽管再去比赛吧，我来安排马儿的出场顺序，保证能赢！"

田忌将信将疑地又参加了一次比赛。第一场，孙膑安排田忌的下等马对齐威王的上等马，自然输了。但孙膑不慌不忙，第二场安排上等马对齐威王的中等马，第三场安排中等马对齐威王的下等马，一连赢了两场。最终田忌三局两胜赢了齐威王，齐威王目瞪口呆了。

【贴心小提醒】

爸爸妈妈最好结合绘本、图片等讲述这个故事，能够形成更加直观的认识。另外要把故事中蕴含的道理讲给胎宝宝听，比如可以这样说："孙膑用的还是原来的马，只是调换了一下上场的次序，就获得了胜利。这是为什么呢？原来，他善于发现自己的长处和短处，用自己的长处去对付对手的短处，就能反败为胜。"

胎教影片

《千与千寻》

【胎教效果】

《千与千寻》是宫崎骏动漫电影中的经典之作，充满奇思妙想的画面和关于友爱、成长的主题会计妈妈在欣赏后得到心灵上的启迪，能够获得温暖、快乐的观影感受，有助于消除烦恼，缓解压力。完美的音乐和精致的画面也会对胎宝宝的听觉、视觉产生有益的刺激。

【影片简介】

　　小女孩千寻和爸爸妈妈一同驱车前往新家，不小心走错了路进入了神秘的隧道，来到了一个奇怪的世界。爸爸妈妈因为贪吃这里的食物，变成了两头肥猪。而且入夜后，这里来来往往都是怪模怪样的人。

　　千寻在危急时被一个叫小白的少年挽救，小白告诉她想要留下来救爸爸妈妈，就要在这里得到一份工作。于是，千寻吃尽苦头，与浴池主人汤婆婆签下契约，得到了在浴池打杂的工作，还和锅炉爷爷、小玲等人成了好朋友。

　　在浴池工作的经历让千寻迅速成长，她招待了肮脏的河神，结识了妖怪无脸男，为了唤醒受伤沉睡的小白坐上了去沼底的火车，去寻找汤婆婆的对头钱婆婆。

　　最终，千寻救回了小白，并在朋友们的帮助下，和父母一起回到了现实世界。

【贴心小提醒】

　　在观赏影片的过程中，妈妈要注意让胎宝宝"参与"其中，可以通过想象和语言让胎宝宝也能感受到影片中刻画的鲜明的人物形象，如小白、千寻、锅炉爷爷等，还可以和胎宝宝一起欣赏优美的主题曲《永远同在》。另外，妈妈可以将这部电影蕴含的道理讲给胎宝宝听："在面对困难时要像千寻一样去勇敢面对，去努力克服，就会战胜各种挑战，完成自己的成长。"

胎教古文

《陋室铭》

胎教效果

唐代诗人刘禹锡的这篇佳作表达了一种高洁、雅致、恬静的情怀，妈妈欣赏可有心旷神怡之感，有助于改善情绪。文章语言极尽精美，句式整齐，节奏分明，韵律感极强，可对胎宝宝的听觉给以有益的刺激，有助于听力的发展和提高。

古文原文

山不在高，有仙则名。水不在深，有龙则灵。
斯是陋室，惟吾德馨。苔痕上阶绿，草色入帘青。
谈笑有鸿儒，往来无白丁。可以调素琴，阅金经。
无丝竹之乱耳，无案牍之劳形。南阳诸葛庐，西蜀子云亭。
孔子云：何陋之有？

贴心小提醒

爸爸妈妈可以反复朗读这篇古文给胎宝宝听，注意读出优美的节奏感，并可以用生动的语言给胎宝宝解释文章的意思。

本月贴士

注意胎膜早破

胎膜早破，也叫早破水，是指还没进入真正的分娩，没有出现真正的宫缩，胎膜就提早破裂，导致羊水从阴道流出的情况。

发生早破水后，胎宝宝因缺乏完整的羊膜保护，容易受到细菌的感染，同时羊水流出可能使得脐带也随之脱出，即发生脐带脱垂，会造成胎儿死亡的严重后果。因此，一旦出现早破水的情况，妈妈应该马上躺下，垫高臀部，并迅速由家人帮助送往医院检查。不过由于早破水前一般没有明显的征兆，所以很容易被妈妈忽略，往往会以为是阴道分泌物增多或小便失禁。实际上，羊水和分泌物是不同的，羊水一般是无色液体，量比分泌物多，比较清澈。

为了预防早破水，孕晚期应尽量避免性生活和剧烈运动，工作和生活都不宜过于劳累，特别是要避免摔倒，以免刺激子宫导致胎膜破裂，引起早产。

图书在版编目（CIP）数据

家庭胎教全攻略 / 徐萍，黄坤主编. — 北京：
中国医药科技出版社，2018.8
（宝贝计划系列）
ISBN 978-7-5214-0030-4

Ⅰ.①家… Ⅱ.①徐… ②黄… Ⅲ.①胎教—基本
知识 Ⅳ.①G610.8

中国版本图书馆CIP数据核字（2018）第050280号

美术编辑　陈君杞
版式设计　锋尚设计

出版　 ⬤ 中国健康传媒集团 ｜ 中国医药科技出版社
地址　北京市海淀区文慧园北路甲22号
邮编　100082
电话　发行：010-62227427　邮购：010-62236938
网址　www.cmstp.com
规格　710×1000mm　$^1/_{16}$
印张　17
字数　238千字
版次　2018年8月第1版
印次　2018年8月第1次印刷
印刷　北京盛通印刷股份有限公司
经销　全国各地新华书店
书号　ISBN 978-7-5214-0030-4
定价　56.00元